TIBURONES
insólitos

LIBSA

© 2018, Editorial LIBSA
c/ San Rafael, 4
28108 Alcobendas (Madrid)
Tel.: (34) 91 657 25 80
Fax: (34) 91 657 25 83
e-mail: libsa@libsa.es
www.libsa.es

Textos: Equipo editorial LIBSA
Ilustración: Archivo LIBSA • Shutterstock images

ISBN: 978-84-662-3661-4

DL: M 12206-2017

Contenido

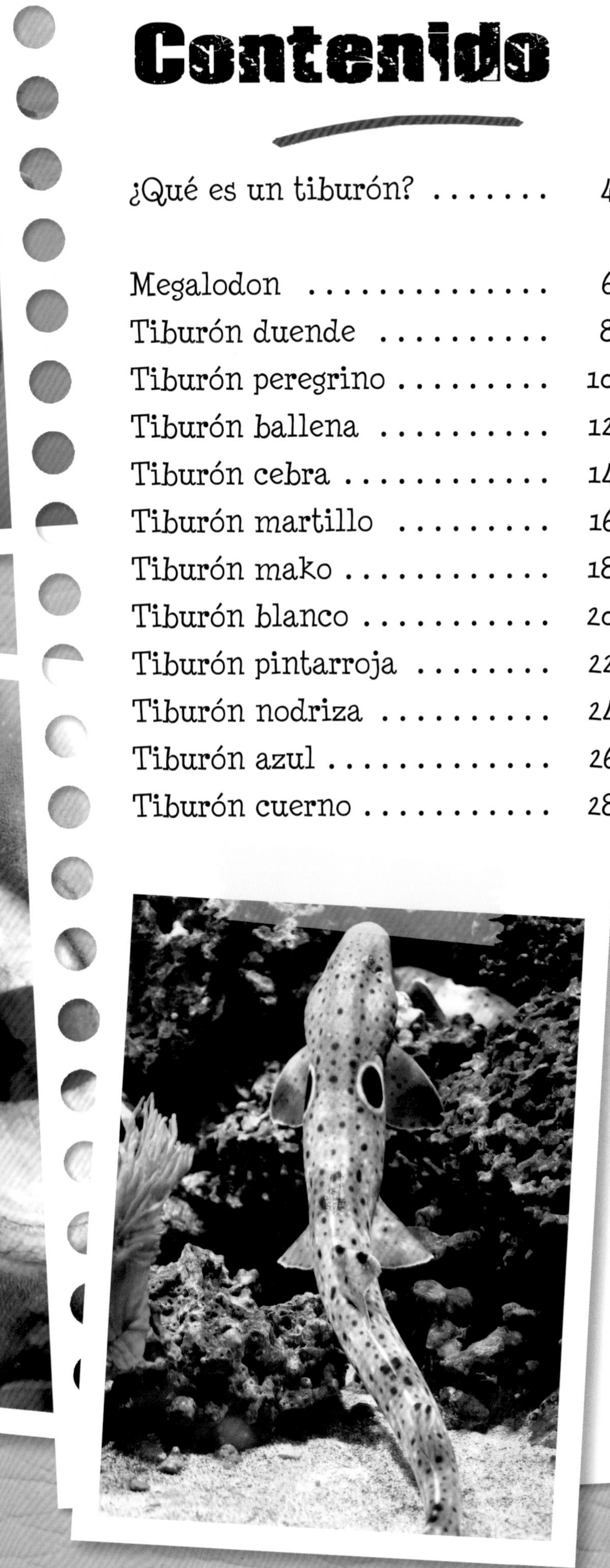

¿Qué es un tiburón?

Los tiburones han existido desde antes de que los dinosaurios pisaran nuestro planeta. Durante los últimos 70 millones de años, prácticamente no han evolucionado, y aunque hay unos 375 tipos de tiburones, todos tienen la misma anatomía básica. Comprender cómo es el diseño de un tiburón te ayudará a entender a estos depredadores implacables.

Partes de un tiburón

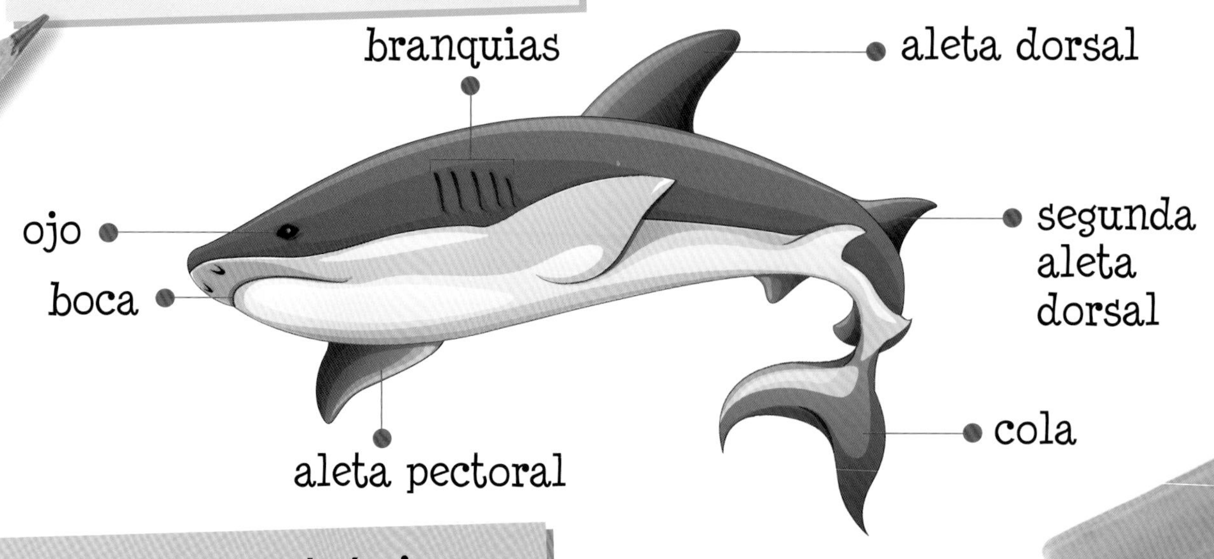

Anatomía básica

estómago
útero
riñón
branquias
hígado
corazón

Características

Los tiburones tienen unas características propias que les hacen peces extraordinarios...

1. Esqueleto

Los tiburones no tienen un esqueleto de huesos, sino de cartílago. Esto les permite moverse a una velocidad increíble dentro del agua.

2. Piel

La piel del tiburón es extraordinariamente dura: está formada por dentículos dérmicos, unas escamas parecidas a pequeñísimos dientes que le ayudan a mantener la forma de su cuerpo, a nadar silenciosamente y a ahorrar energía.

3. Dentadura

La mayoría de los tiburones no mastica lo que come, sino que se lo traga en grandes pedazos. Sus numerosísimos dientes están distribuidos en varias filas en cada mandíbula; cuando pierden un diente, enseguida sale otro en su lugar.

4. Mandíbula

La mandíbula de los tiburones no está unida a su cráneo, sino que se mueve como una pieza independiente. Además, sus dos mandíbulas pueden trabajar por separado. Esto les permite agarrar a sus presas con una fuerza y firmeza extraordinarias.

5. Hígado

El hígado de los tiburones ocupa la mayor parte de la cavidad de su cuerpo. Le sirve como reserva de grasa, proporcionando una fuente de energía para el tiburón; pero también le ayuda como un flotador, pues los aceites que almacena son más ligeros que el agua, haciendo que el tiburón flote.

6. Branquias

Los tiburones tienen de cinco a siete branquias en cada lado de su cabeza que les sirven para filtrar el oxígeno del agua. El agua fluye a través de la boca del tiburón hasta que los pequeños vasos sanguíneos en las branquias absorben el oxígeno del agua. Para respirar, algunas especies de tiburones necesitan nadar hacia adelante todo el tiempo, o descansar en una corriente de agua.

7. Colas y aletas

Cada especie de tiburón tiene su propio diseño de cola: le sirve para moverse muy rápido en el agua y para equilibrar sus movimientos. Todos tienen dos juegos de aletas que les ayudan a desplazarse por el agua y a captar las vibraciones que se producen a su alrededor. La aleta dorsal les sirve para equilibrarse.

8. Reproducción

Los tiburones pueden ser ovíparos, es decir, reproducirse a través de huevos, o vivíparos, dando a luz crías vivas que se nutren a través de la placenta de sus madres, como hacen los mamíferos.

9. Sentidos

Aparte de los cinco sentidos convencionales, los tiburones poseen una línea lateral en cada costado de su cuerpo que les permite detectar cambios de presión y movimientos en el agua. También poseen en su morro las llamadas ampollas de Lorenzini, órganos sensibles a los campos eléctricos (en especial a los pequeños campos eléctricos generados por otros seres vivos en el agua).

¡Ya estás listo! ¿Empezamos?

COMPARATIVA DE TAMAÑO

entre un megalodon y un yate.

Tenía una extraordinaria fuerza de mordida: ¡5 veces mayor que la de un tiranosaurio!

TÉCNICA DE CAZA

El **megalodon** probablemente cazaba con la **misma técnica** que utilizan hoy los grandes tiburones blancos: **acechan** a sus presas en **aguas profundas** y, cuando la han localizado, **suben a toda velocidad** para lanzarle un **gran mordisco devastador.**

Con sus 400 gr de peso, sus dientes son los más

Megalodon

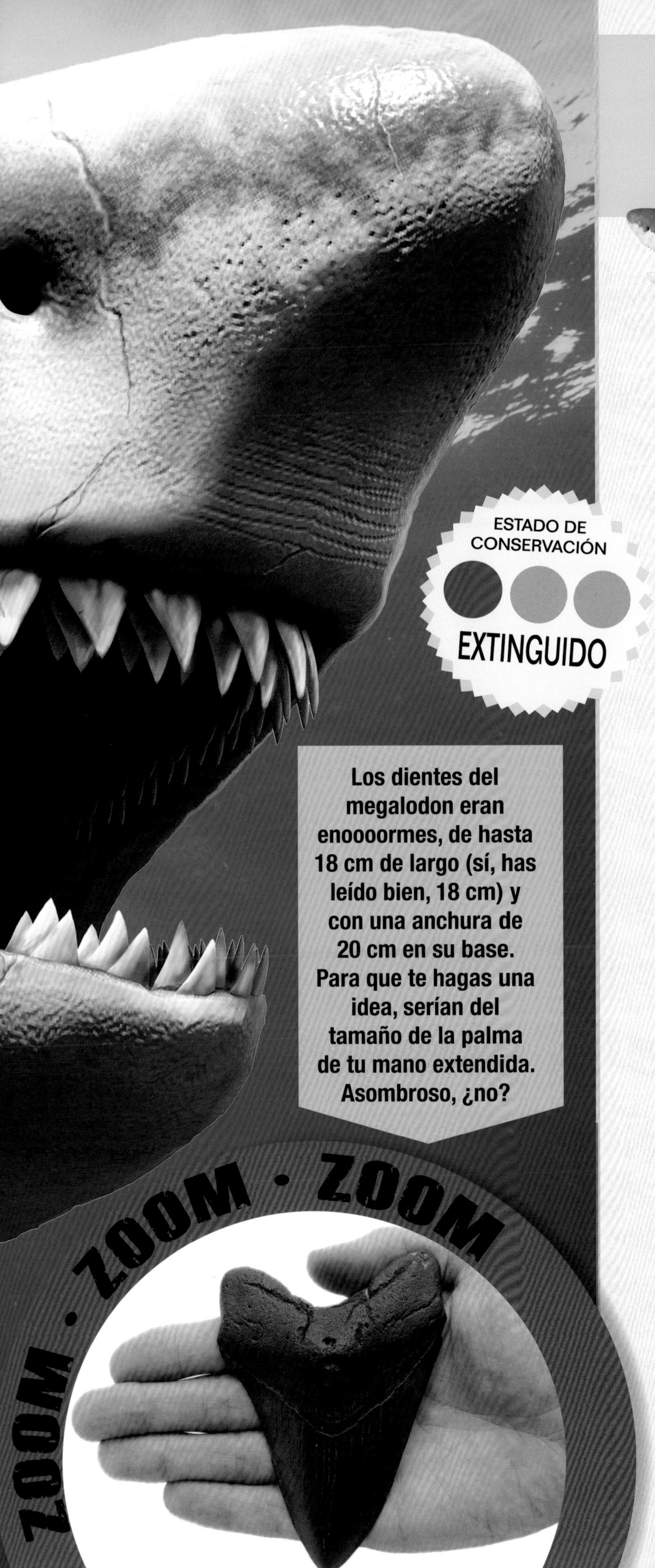

Los dientes del megalodon eran enoooormes, de hasta 18 cm de largo (sí, has leído bien, 18 cm) y con una anchura de 20 cm en su base. Para que te hagas una idea, serían del tamaño de la palma de tu mano extendida. Asombroso, ¿no?

La bestia prehistórica que cazaba ballenas

Es el tiburón más grande que jamás haya existido en nuestro planeta: una gigantesca máquina de matar capaz de cazar a cualquier otro animal marino, por grande que fuera. Pero sus descomunales medidas no evitaron que desapareciera hace millones de años...

- **Nombre científico:** *Carcharodon megalodon,* derivado del griego μέγας («grande») y ὀδούς («diente»).
- **Tamaño:** Se estima que este animal medía entre 17 y 21 m de longitud: es decir, esta prodigiosa criatura era tan larga ¡como un autobús! Su peso oscilaba entre 70 y 100 toneladas. ¿Te imaginas qué cantidad tan brutal de comida debía ingerir?
- **Época:** Hace entre 19,8 y 2,6 millones de años atrás, durante el periodo Cenozoico.
- **Hábitat:** Su distribución fue mundial. Es decir, en muy pocas partes del planeta un animal marino podía vivir a salvo de este superdepredador...
- **Dieta:** Fue un depredador tan eficaz, que su existencia tuvo un impacto negativo en manadas de tiburones, tiburones gigantes y ballenas del Cenozoico.

Su aplanado hocico sobresale de la parte superior de su cabeza, y es parecido a la hoja de una espada.

Tiburón duende

Un auténtico fósil viviente

¿Qué pensó el pescador japonés que se encontró con el primer ejemplar de este tiburón? Pues que se encontraba ante un duende, y por eso le puso precisamente ese nombre: «Tengu-zame», que en japonés significa «tiburón duende».

- **Nombre científico:** *Mitsukurina owstoni*. Se le otorgó en honor a dos personas que colaboraron en su descubrimiento: Kakichi Mitsukuri y Alan Owston.
- **Tamaño:** Mide entre 2 y 3 m, hasta un máximo de 6, y puede llegar a pesar 700 kg.
- **Características especiales:** Presenta una notoria prolongación de su morro, unas mandíbulas que se mueven hacia delante cuando abre la boca, y un extraño color rosado con el dorso gris, que se vuelve marrón al sacarle del agua.
- **Hábitat:** Vive en aguas profundas, alrededor de los 1.400 m, y por esta razón es poco conocido.
- **Dieta:** Se alimenta de peces, crustáceos y cefalópodos, y para buscarlos se ayuda de su largo hocico, dotado de sensibles electrorreceptores.

Debajo de su descomunal nariz, tiene una mandíbula larga y estrecha retráctil o extensible que se desplaza libremente hacia adelante cuando necesita capturar sus presas.

El tiburón duende presenta numerosos dientes frontales, largos y puntiagudos.

Su boca tiene de 35 a 53 filas de dientes superiores y de 31 a 62 filas de dientes inferiores, de longitud y anchura variables.

El tiburón duende tiene los ojos muy pequeños, pues no los necesita para vivir en la oscuridad de las profundidades.

¡QUÉ CURIOSO!

El duende japonés Tengu tiene una larguísima nariz que recuerda a Pinocho, pero secuestraba a los niños en lugar de enseñarles a no mentir…

La forma de sus dientes indica que están diseñados para atrapar a sus víctimas, no para cortarlas.

Tiburón peregrino

Una boca masiva

A pesar de su gigantesca boca, que le otorga un aspecto terrorífico, es uno de los tiburones menos agresivos. Así que si te encuentras con alguno, no te preocupes demasiado: tiene una naturaleza inofensiva y tolerante con los buzos y las embarcaciones.

- **Nombre científico:** *Cetorhinus maximus*. Se les llama peregrinos porque son tiburones de costumbres migratorias, que recorren enormes distancias en el océano, buscando grandes concentraciones de plancton para alimentarse.
- **Tamaño:** Es el segundo pez más grande del mundo y alcanza los 10 m de longitud y las 4 toneladas de peso.
- **Características especiales:** Su característica más notable es su gran boca cavernosa; en los mayores ejemplares, llega a alcanzar un diámetro superior a 1 m. ¡Cabría un niño entero!
- **Hábitat:** Vive en todos los mares del mundo, pero prefiere las aguas frías.
- **Dieta:** Se alimenta filtrando el agua. Nada con la boca abierta hasta hacerla redonda y filtra el agua a través de unas inmensas branquias.

COMPARATIVA DE TAMAÑO
entre un peregrino y un humano adulto.

Otras características del tiburón peregrino son su gran aleta caudal, su piel rugosa de fuerte textura y una fina capa de mucosa que segrega sobre su piel que le sirve para mejorar su hidrodinámica.

Suele ser de color marrón, gris y azul oscuro con manchas.

ESTADO DE CONSERVACIÓN

AMENAZADO

Los tiburones suelen tener marcas en la piel, la mayoría debidas a sus frecuentes encuentros con lampreas y otros tiburones.

El tiburón peregrino es capaz de filtrar hasta ¡2.000 toneladas de agua por hora! para conseguir su alimento. Eso requiere que pase grandes periodos de tiempo cerca de la superficie del agua, y con su gran aleta dorsal puede subir y salir fácilmente.

Los dientes de los tiburones peregrinos son pequeños (5-6 mm) y en forma de gancho, siendo realmente funcionales solo las 3-4 filas de la mandíbula superior y las 6-7 hileras de la inferior.

En general no busca activamente su alimento: simplemente se acerca a la superficie del agua y nada con la boca abierta.

Tiburón ballena

¿Tiburón o ballena?

Este curioso tiburón es el pez más grande que te puedes encontrar en las aguas del planeta Tierra. Se le llamó tiburón ballena porque es un tiburón, pero tiene el aspecto y el tamaño de una ballena. ¿Sabías que en Vietnam se le adora como un dios?

- **Nombre científico:** *Rhincodon typus. Rhincodon* significa «diente de raspador», y *typus* quiere decir «ejemplo», por lo que su nombre científico se traduciría como «ejemplo de diente de raspador».
- **Tamaño:** El ejemplar más grande capturado (en 1947) medía más de 12 m de largo y pesaba más de 21 toneladas.
- **Características especiales:** Pertenece a la familia de «tiburones alfombra», llamados así por la curiosa estampación que presentan en su espalda y que recuerda a este tejido.
- **Hábitat:** Vive en las aguas cálidas cercanas a los trópicos, pero algunos ejemplares han sido observados en aguas más frías.
- **Dieta:** Se alimenta filtrando el agua. Su comida favorita consiste en unos 400 kg diarios de fitoplancton, algas, krill, crustáceos y peces pequeños.

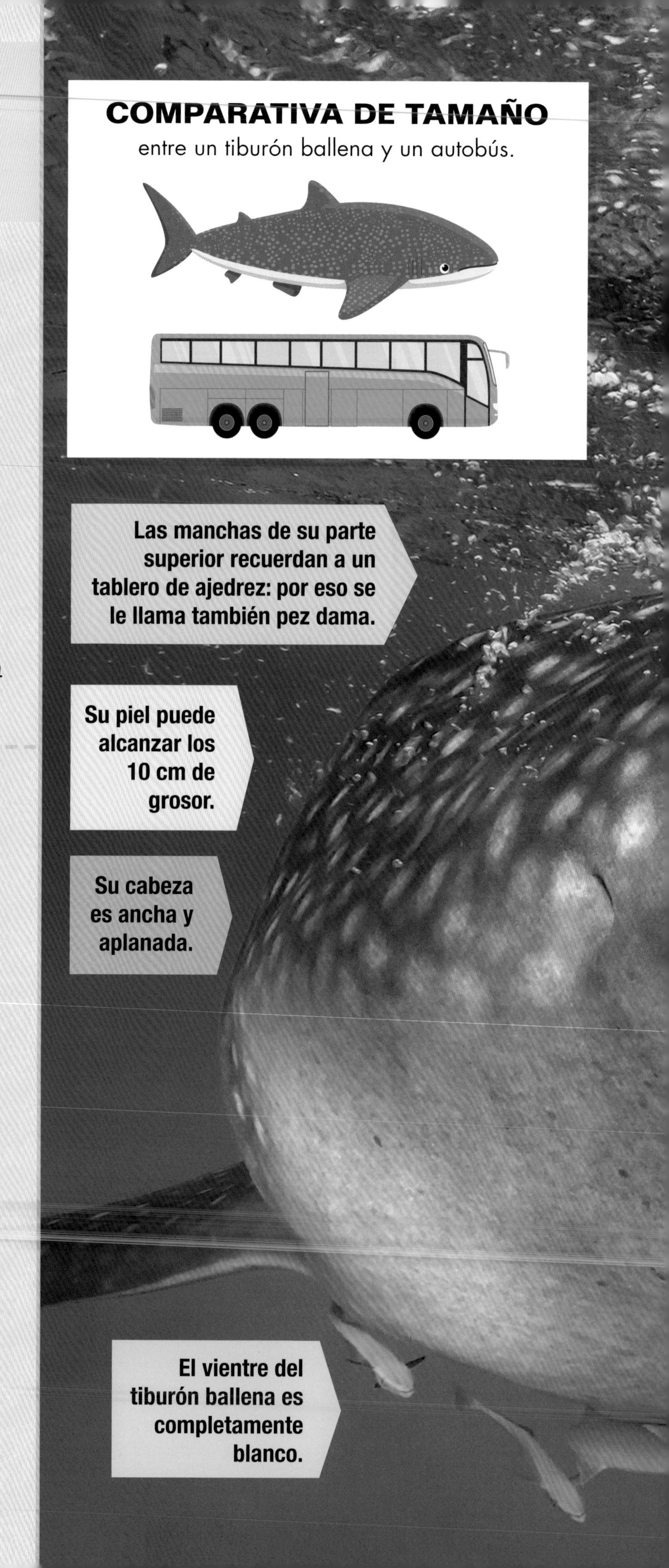

COMPARATIVA DE TAMAÑO

entre un tiburón ballena y un autobús.

Las manchas de su parte superior recuerdan a un tablero de ajedrez: por eso se le llama también pez dama.

Su piel puede alcanzar los 10 cm de grosor.

Su cabeza es ancha y aplanada.

El vientre del tiburón ballena es completamente blanco.

Su dorso es de color grisáceo, y presenta multitud de lunares y manchas de color blanco o amarillento que tienen un patrón único que permite su identificación individual: son como su huella dactilar, ya que no cambian a lo largo de su vida.
¿DE VERDAD?
A pesar de su enorme tamaño, no suponen ningún peligro para el ser humano: son bastante cariñosos, y suelen ser juguetones con los buzos.
ESTADO DE CONSERVACIÓN
AMENAZADO
Tiene unos 300 dientes muy, muy pequeños, dispuestos en hileras.
ZOOM · ZOOM · ZOOM · ZOOM
Cuando abre su boca de par en par, puede alcanzar los 1,5 m de ancho: ¡cabría una foca de lado!

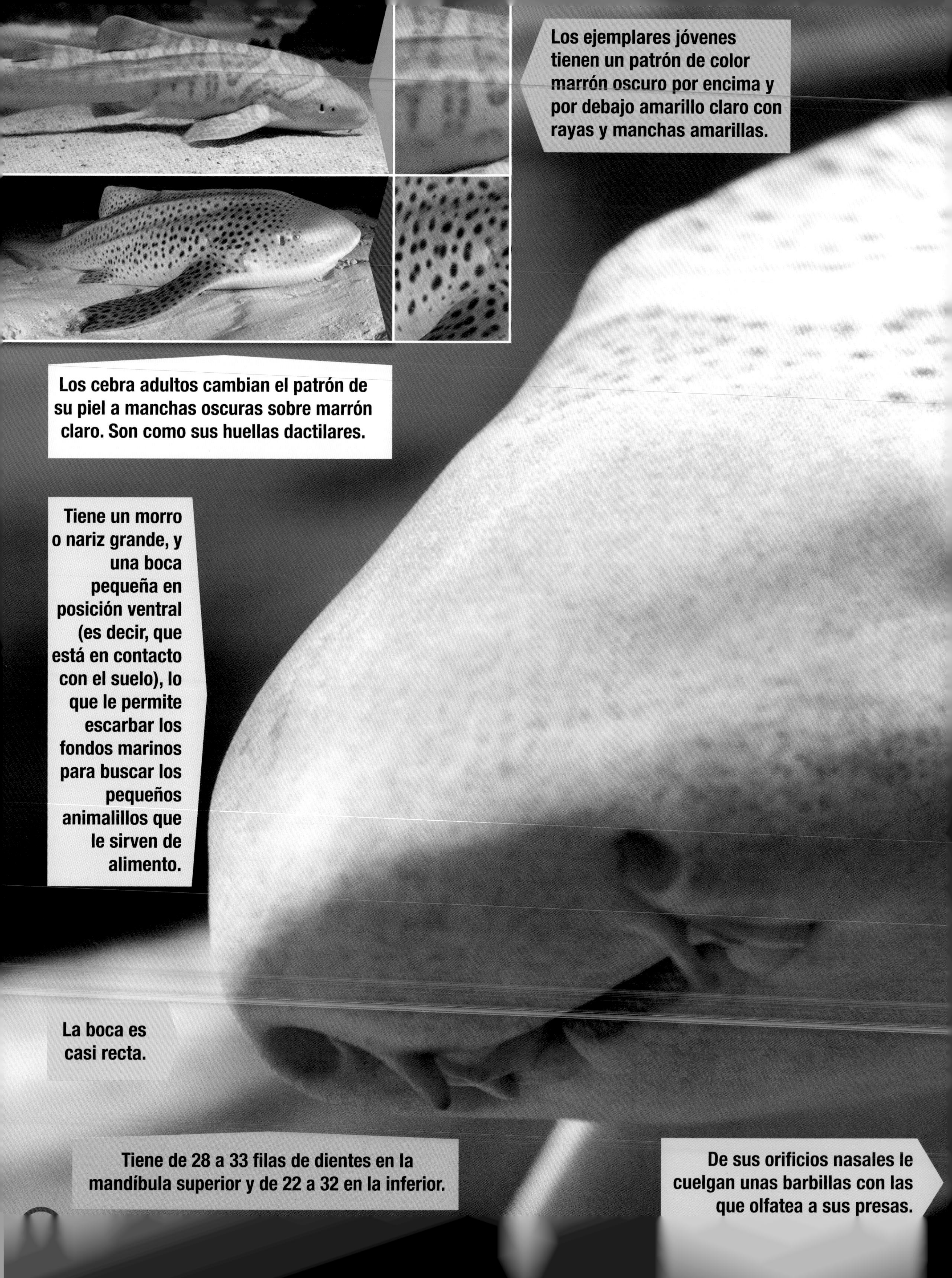

Los ejemplares jóvenes tienen un patrón de color marrón oscuro por encima y por debajo amarillo claro con rayas y manchas amarillas.

Los cebra adultos cambian el patrón de su piel a manchas oscuras sobre marrón claro. Son como sus huellas dactilares.

Tiene un morro o nariz grande, y una boca pequeña en posición ventral (es decir, que está en contacto con el suelo), lo que le permite escarbar los fondos marinos para buscar los pequeños animalillos que le sirven de alimento.

La boca es casi recta.

Tiene de 28 a 33 filas de dientes en la mandíbula superior y de 22 a 32 en la inferior.

De sus orificios nasales le cuelgan unas barbillas con las que olfatea a sus presas.

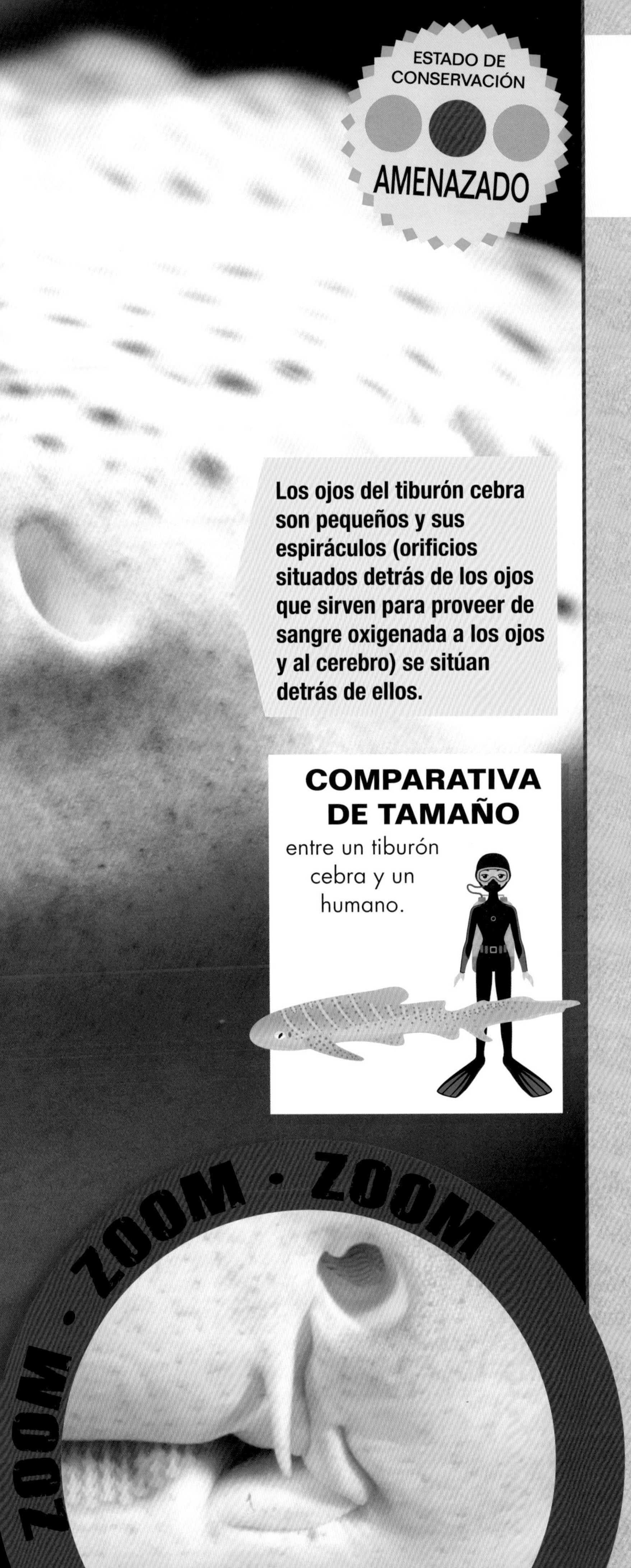

Los ojos del tiburón cebra son pequeños y sus espiráculos (orificios situados detrás de los ojos que sirven para proveer de sangre oxigenada a los ojos y al cerebro) se sitúan detrás de ellos.

COMPARATIVA DE TAMAÑO

entre un tiburón cebra y un humano.

Tiburón cebra

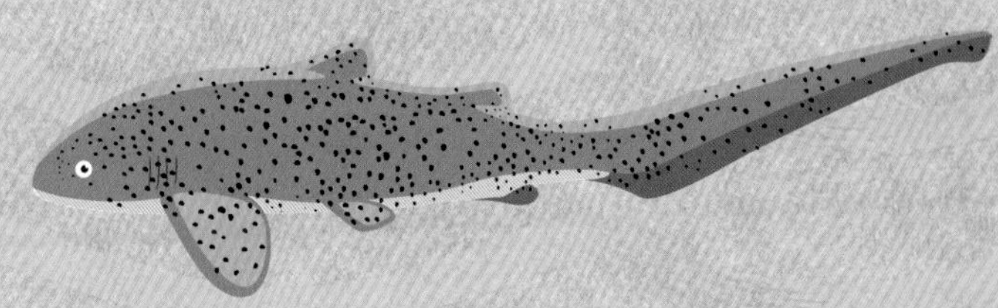

Dos «looks» distintos, el mismo tiburón

Este tiburón alfombra presenta un aspecto cuando es joven y otro totalmente distinto cuando llega a adulto. Aunque son criaturas solitarias, durante la estación de apareamiento forman grandes concentraciones de individuos.

- **Nombre científico:** *Stegostoma fasciatum,* que significa «boca cubierta rayado».
- **Tamaño:** Alcanza una longitud de unos 2,5 m y unos 16-20 kg de peso.
- **Características especiales:** Son inofensivos para el ser humano, y muy populares en los acuarios de todo el mundo y en las excursiones de buceo. ¿Sabías que los tiburones cebra compiten entre sí para llamar la atención de los buzos?
- **Hábitat:** Vive en las aguas poco profundas (de 5 a 30 m) de los océanos Índico y Pacífico (Indonesia, Australia).
- **Dieta:** Es un tiburón tranquilo que permanece durante el día prácticamente inmóvil en el lecho marino y por la noche sale a cazar su comida favorita: moluscos, crustáceos, pequeños peces y de vez en cuando serpientes marinas.

Tiburón martillo

Cabeza en forma de T

La característica más llamativa de este tiburón es su cabeza en forma de T, que recuerda a un martillo, con los ojos situados en los extremos. ¿Por qué ha evolucionado hacia esa curiosa forma? Algunos afirman que les da ventaja para localizar a sus presas...

- **Nombre científico:** *Sphyrna mokarran.*
- **Tamaño:** Los ejemplares más grandes pueden llegar a 6 m de longitud y media tonelada de peso.
- **Características especiales:** El tiburón martillo tiene siete sentidos: además del tacto, oído, olfato, vista y gusto, dispone de un sexto sentido que le permite detectar las ondas de frecuencia que provoca el movimiento de otros peces, y un séptimo que le hace captar campos eléctricos y que le sirve para encontrar presas escondidas o enterradas en el fondo marino. ¡Así es casi infalible!
- **Hábitat:** Le gustan las cálidas aguas tropicales, y suele nadar cerca de la costa, sobre todo en zonas donde se mezcla el agua dulce de los ríos y la salada del mar.
- **Dieta:** Como buen carnívoro, se alimenta de peces, calamares, pulpos y crustáceos, pero su comida favorita son las rayas.

COMPARATIVA DE TAMAÑO
entre un tiburón martillo y un humano.

ESTADO DE CONSERVACIÓN
AMENAZADO

Su olfato es tan potente que es capaz de detectar una gota de sangre desde un kilómetro y medio.

Como la mayoría de los tiburones, está dotado de cinco branquias que le permiten respirar.

Como la mayoría de los tiburones, presenta contracoloración: color oscuro en el lomo y claro en el vientre. Visto desde abajo, se confunde con el brillo de las aguas de la superficie; visto desde arriba, se mimetiza con el oscuro fondo marino. Esto le sirve para confundir a sus presas.

Sus dientes afilados y en forma de gancho le ayudan a apresar y devorar.

Cuenta con una visión de 360°: puede ver encima y debajo suyo al mismo tiempo.

RANKING DE VELOCIDAD entre un tiburón mako y otros animales marinos.

4. Ballena azul 30 km/h	3. Delfín 40 km/h	2. Pez vela 110 km/h	1. Tiburón mako 124 km/h
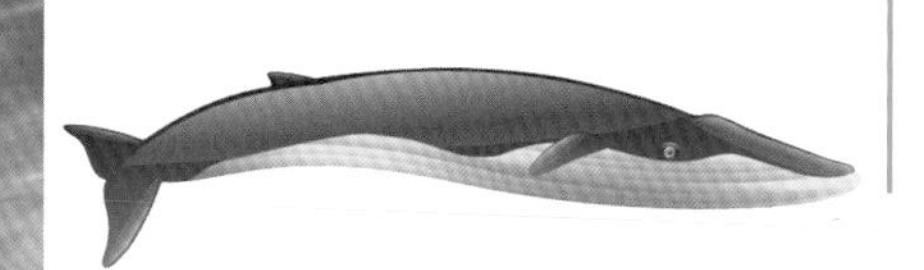	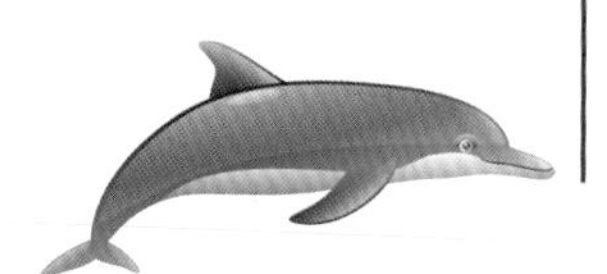		

Es de color azul oscuro en el dorso, azul más claro en los costados y blanco en el vientre.

SUPERDEPREDADOR

Si no fuera porque a algunos humanos les gusta comer carne de tiburón, el mako **no tiene depredadores** dentro de su ecosistema: no necesita mirar a los lados para vigilar a otros animales que quieran comérselo.

Cuando un marrajo tiene varias crías en su vientre, los embriones más crecidos se comen a sus hermanos menos desarrollados y a los huevos. Esta modalidad de canibalismo se llama oofagia.

El hecho de ser homeotermo le hace triplicar su potencia muscular y además le permite realizar arranques bruscos. ¡Puede llegar a alcanzar velocidades de más de 124 km/h!

Tiburón mako

Combinación letal de fuerza y velocidad

El mako es un tiburón de fuerza descomunal que consigue una elevadísima velocidad. ¿Cuál es su secreto? Su cuerpo de perfecta hidrodinámica, su potente masa muscular, su poderosa aleta caudal... ¡Sigue leyendo y descubrirás más!

- **Nombre científico:** *Isurus oxyrinchus*. También se le llama marrajo común o de aleta corta.
- **Tamaño:** El tamaño de un ejemplar adulto oscila entre 3,5-4 m de longitud, y un peso de hasta 750 kg.
- **Características especiales:** Es homeotermo, lo que quiere decir que mantiene su temperatura corporal de forma constante, con independencia de la temperatura del ambiente.
- **Hábitat:** Vive en el océano Pacífico, Atlántico, Índico, mar Mediterráneo y mar Rojo.
- **Dieta:** Sus presas son de lo más variadas: peces pequeños como la caballa, el arenque, el jurel, la sardina, el bonito... o grandes como el atún rojo, el pez espada y los peces vela; pero no hace ascos a calamares, otros tiburones, tortugas marinas, marsopas o delfines.

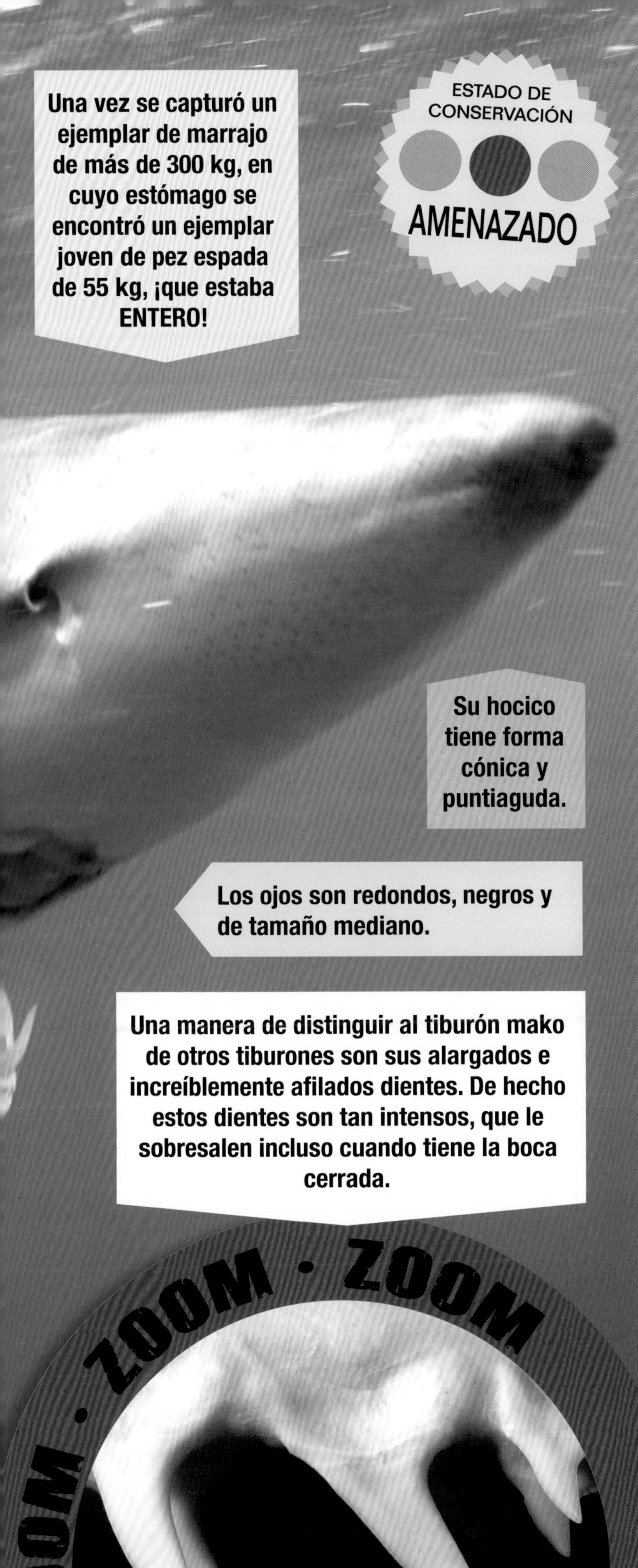

Una vez se capturó un ejemplar de marrajo de más de 300 kg, en cuyo estómago se encontró un ejemplar joven de pez espada de 55 kg, ¡que estaba ENTERO!

Su hocico tiene forma cónica y puntiaguda.

Los ojos son redondos, negros y de tamaño mediano.

Una manera de distinguir al tiburón mako de otros tiburones son sus alargados e increíblemente afilados dientes. De hecho estos dientes son tan intensos, que le sobresalen incluso cuando tiene la boca cerrada.

Tiburón blanco

Uno de los más temidos

Solo es blanco en su parte inferior; su dorso es gris o azulado. ¿Por qué se le llama entonces «blanco»? Porque los ejemplares más viejos, con el paso de los años, aclaran el tono negro de su dorso hasta un gris claro, y junto al blanco de su vientre, les hace parecer blancos.

- **Nombre científico:** *Carcharodon carcharias. Carcharodon* viene de las palabras griegas καρχαρίας, que significa «agudo» o «dentado», y ὀδούς, que significa «diente».
- **Tamaño:** Los ejemplares más grandes pueden alcanzar hasta 7,5 m de longitud y dos toneladas de peso.
- **Características especiales:** Sus sensibles terminaciones nerviosas le ayudan a captar cualquier movimiento, por pequeño que sea, de sus presas. También tiene receptores en sus orificios nasales que le permiten captar los campos eléctricos.
- **Hábitat:** Vive en todas las aguas costeras templadas del planeta: no le gusta nada el agua fría.
- **Dieta:** De joven se alimenta de rayas y otros tiburones; de adulto, siente debilidad por los mamíferos marinos como lobos, elefantes y leones marinos, focas, delfines e incluso cachalotes.

COMPARATIVA DE TAMAÑO
entre un tiburón blanco y un humano.
ESTADO DE CONSERVACIÓN
AMENAZADO
Como todos los tiburones, siguen creciendo a lo largo de toda su vida.
ZOOM · ZOOM · ZOOM
Detrás de las dos hileras de dientes principales, tiene otras dos o tres filas que crecen constantemente.

MORDISCO LETAL

Cuando ataca a sus presas, **abre** las **fauces** de tal manera que se le **deforma** la **cabeza**, pues proyecta la mandíbula hacia delante. Su **fuerza de mordida** es **300 veces superior** a la de una **mandíbula humana: ¡de 12 a 24 toneladas!** Un ejemplar adulto puede introducirse en esa bocaza hasta **14 kg de carne** ¡de un **solo mordisco**!

No necesita mucho la vista, aunque también la tiene bien desarrollada.

Tiene un olfato tan potente que puede detectar ¡moléculas! de sangre a kilómetros de distancia.

Tiburón pintarroja

El tiburón caminante

Este curioso tiburón no nada habitualmente: prefiere desplazarse por el fondo marino apoyando sus aletas sobre el suelo, de forma parecida a como lo hacen en tierra las salamandras.

COMPARATIVA DE TAMAÑO
entre un tiburón pintarroja y un humano.

Los ejemplares jóvenes presentan una alternancia de bandas claras y oscuras que desaparecen cuando llegan a adultos.

El ocelo tiene una función defensiva: sirve para ahuyentar a posibles depredadores.

Sus ojos tienen forma oval, y cuenta con un gran espiráculo debajo de cada uno de ellos.

Su boca dispone de 26 a 35 filas de dientes en la mandíbula superior y de 21 a 32 en la inferior.

A diferencia de los demás tiburones, puede masticar sus alimentos.

Su hocico es corto y redondeado, y tiene las fosas nasales casi en la punta, con un par de pequeñas barbillas.

SIN RESPIRACIÓN

A este tiburón le encantan las **aguas poco profundas**; incluso se mueve en **charcos** que apenas tienen suficiente agua para cubrir su cuerpo.

Debido a la falta de oxígeno de este tipo de charcos, es capaz de **mantenerse sin oxígeno** hasta **una hora**. Para superar esta situación, **apagan selectivamente** algunas **funciones neuronales**, lo que les permite **sobrevivir** sin sufrir daños irreversibles.

- **Nombre científico:** *Hemiscyllium ocellatum*. Los adultos presentan un enorme ocelo (mancha redonda con apariencia de ojo) de color negro con marco blanco sobre las aletas pectorales que permite identificarles fácilmente.
- **Tamaño:** No llega a 1 m de longitud.
- **Características especiales:** Presenta un cuerpo alargado, del cual más de la mitad pertenece al delgado pedúnculo caudal.
- **Hábitat:** Vive en aguas poco profundas y en los arrecifes de Australia y Nueva Guinea.
- **Dieta:** Suele cazar por la noche en los arrecifes de coral o en charcos sobre las rocas. Es un depredador de crustáceos, gusanos y pequeños peces que utiliza su olfato y su capacidad de captar campos eléctricos para localizar a sus presas escondidas en el fondo marino.

Tiburón nodriza

El tiburón perezoso

El tiburón nodriza no tiene dientes afilados, no está nadando todo el rato en busca de presas y se pasa la mayor parte del tiempo descansando en el fondo marino, esperando a que algún pez, molusco o crustáceo incauto pase por allí...

- **Nombre científico:** *Ginglymostoma cirratum*. Significa «boca rizada y flexible».
- **Tamaño:** No suele sobrepasar los 3 m, con un peso entre 75 y 100 kg.
- **Características especiales:** También es conocido como tiburón gato, debido a sus largos bigotes o barbas. Estos apéndices le sirven como sentido del tacto y le ayudan a ubicar a sus presas.
- **Hábitat:** Parece disfrutar especialmente de las aguas tropicales del océano Atlántico y del Pacífico, sobre todo de las islas del Caribe. Ahí pasa la mayor parte de su tiempo, descansando en el fondo del mar.
- **Dieta:** El tiburón nodriza es carnívoro: se alimenta de langostas, camarones, cangrejos, caracoles, erizos, pulpos y calamares. También le gustan peces del fondo marino, como peces gato y rayas.

COMPARATIVA DE TAMAÑO

entre un tiburón nodriza y un humano.

ESTADO DE CONSERVACIÓN

AMENAZADO

Tiene la cabeza aplanada, con el morro muy corto y redondeado.

De adulto su piel luce un bonito tono marrón rojizo.

NOCTURNO Y SOLITARIO

Este tiburón tiene costumbres **nocturnas**: **caza en solitario** únicamente por la **noche** y durante el **día descansa** en grupos grandes, de hasta 40 tiburones, a veces apilados unos sobre otros.

Es un tiburón muy paciente con los seres humanos, pero si un buzo le molesta demasiado, le retiene con sus potentes mandíbulas y solo le suelta cuando a él le apetece… ¡Si el atrevido buceador no dispone de una botella de oxígeno, puede morir ahogado!

Su boca es pequeña y está en una posición adelantada. Con ella atrapa a posibles presas escondidas en grietas y agujeros: tapona el orificio con su boca y… succiona. De hecho, sus dientes están preparados para triturar, no para desgarrar carne.

Las barbillas que salen de sus orificios nasales son muy largas.

El tiburón nodriza tiene los ojos pequeños y con frecuencia de color azul. Como todos los tiburones, sus ojos poseen un «tercer párpado», llamado membrana nictitante. Cuando atacan a sus presas, protegen sus ojos con esta membrana.

Tiene un hocico muy largo que no le impide morder: su mandíbula superior es capaz de proyectarse hacia afuera para no tener que alzar la cabeza cuando da mordiscos.

Tiburón azul

Rápido y mortal

Tiene en su haber más muertes humanas que ninguna otra especie de tiburón. La velocidad a la que acude cuando huele sangre, su nulo temor al ser humano y su agresividad le hacen una criatura temible...

- **Nombre científico:** *Prionace glauca.*
- **Tamaño:** Por lo general tiene unos 3-4 m de longitud y unos 200 kg de peso.
- **Características especiales:** Es uno de los tiburones más comunes, pero por lo que se le conoce es por su capacidad de recorrer grandes distancias (hasta 5.500 km) en busca de alimento.
- **Hábitat:** Vive por todos los océanos y mares del mundo.
- **Dieta:** Se alimenta básicamente de peces y aves marinas.

La piel de un tiburón azul hembra es casi el doble de gruesa que la de un macho. Es una forma de protección durante el salvaje proceso de apareamiento de estos escualos.

Una característica de este tiburón es que si encuentra un banco de calamares, come hasta prácticamente reventar: se le hincha la tripa y hasta le pueden salir los tentáculos por la boca. ¡Le encantan los calamares!

Sus grandes ojos están provistos de una membrana nictitante, una especie de párpado semitransparente que se cierra de arriba a abajo y protege los globos oculares cuando lucha con su presa.
COMPARATIVA DE TAMAÑO
entre un tiburón azul y un humano.
ESTADO DE CONSERVACIÓN
PREOCUPACIÓN MENOR
A simple vista, la piel de los tiburones parece suave… pero si pudieras tocarla, comprobarías que es como papel de lija: está compuesta por millones de diminutas escamas en forma de dientes, ¡funciona como una auténtica armadura!
ZOOM · ZOOM · ZOOM
Las hembras del tiburón azul pierden el apetito poco antes de parir para evitar comerse a sus propios hijos.

Tiburón cuerno

Un tiburón atípico

El tiburón cuerno no es ciertamente un tiburón típico. En lugar de nadar para buscar activamente presas que le sirvan de alimento, este pez de movimiento lento prefiere que sea la presa la que se le acerque y él pasar su tiempo tranquilo en el fondo marino.

- **Nombre científico:** *Heterodontus francisci*.
- **Tamaño:** Es característico su pequeño tamaño: no suele sobrepasar los 1,2 m, y los 10 kg de peso.
- **Características especiales:** Con las filas de pequeños y afilados dientes que tiene en sus mandíbulas, agarra a sus pequeñas víctimas; con los dientes romos de la parte posterior machaca las duras conchas de sus presas favoritas.
- **Hábitat:** Vive en las aguas del océano Pacífico, en las costas de México y California, y en Ecuador y Perú.
- **Dieta:** Es un cazador nocturno que se alimenta sobre todo de erizos de mar, cangrejos, moluscos y pequeños peces. Cuando se alimenta, se arrastra por el fondo marino usando sus aletas pectorales como patas.

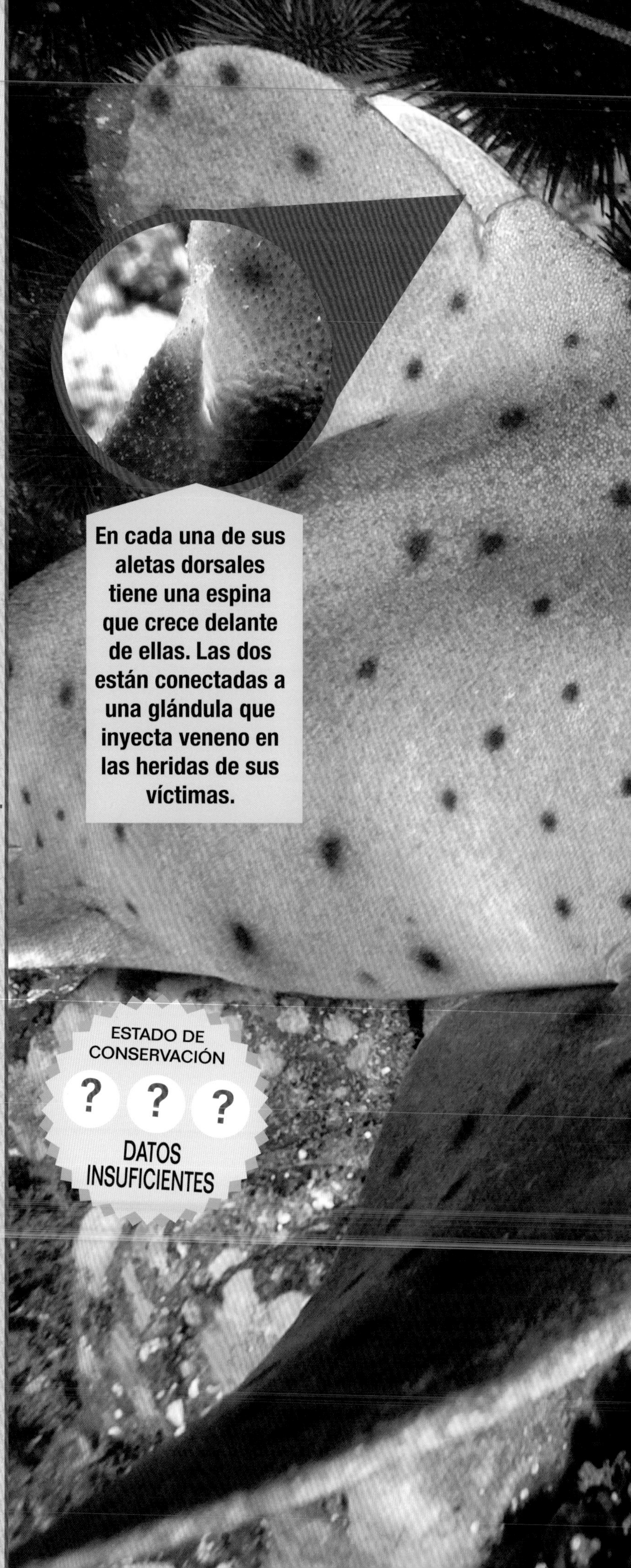

En cada una de sus aletas dorsales tiene una espina que crece delante de ellas. Las dos están conectadas a una glándula que inyecta veneno en las heridas de sus víctimas.

COMPARATIVA DE TAMAÑO

entre un tiburón cuerno y un humano.

Tiene unas crestas sobre sus ojos, como si fueran cejas. También es característica una mancha oscura de pequeños puntos negros bajo los ojos.

Sus huevos son unos de los más raros del reino animal. Son de color verde dorado, y están envueltos por una cresta espiral. Cuando la hembra pone el huevo, con su boca lo coloca entre dos rocas, dándole un par de vueltas (¡como si fuera un tornillo!) para que los depredadores que comen sus huevos no puedan desprenderlos.

También se le llama tiburón cerdo porque su hocico, visto de frente, recuerda al de este animal.

COMPARATIVA DE TAMAÑO
entre un tiburón limón y un humano.
El tiburón limón está reemplazando constantemente sus dientes: puede llegar a tener 30.000 a lo largo de su vida.
Al tiburón limón le gusta descansar en los fondos oceánicos. Puede sonar extraño, pero esta actividad requiere más energía que nadar, ya que necesita mucho esfuerzo para bombear el agua a través de las branquias y no hundirse.

LAS 20 COSAS MÁS EXTRAÑAS ENCONTRADAS EN EL ESTÓMAGO DE UN TIBURÓN

1. Brazo humano tatuado; **2.** Tambor tradicional senegalés; **3.** Asiento de barco; **4.** Lata de sardinas cerrada; **5.** Matrículas de automóviles; **6.** Abrigos y otras prendas; **7.** Botes de pintura; **8.** Paquetes de cigarrillos; **9.** Bobina de alambre de cobre; **10.** Billetera de cuero; **11.** Perros pequeños; **12.** Latas viejas; **13.** Trozos de carbón; **14.** Trozos de madera; **15.** Pernos y tuercas; **16.** Dos delfines enteros; **17.** Cabeza de un cocodrilo; **18.** Recipientes de cartón; **19.** Vacas, caballos y otras clases de ganado; **20.** Serpientes marinas venenosas.

Los tiburones limón viven en el fondo marino; por la falta de luz tienen una mala visión que les dificulta encontrar su alimento. Sin embargo, están equipados con sensores magnéticos extremadamente sensibles y precisos en la nariz que les permiten localizar a sus presas.

Tiburón limón

ESTADO DE CONSERVACIÓN

AMENAZADO

Robusto y poderoso

Se le conoce como tiburón limón porque la luz que atraviesa el agua de mar le hace tener una apariencia bronceada y amarillenta, como la superficie de un limón.

- **Nombre científico:** *Negaprion brevirostris.*
- **Tamaño:** Su longitud oscila entre 2 y 2,5 m y alcanza los 90 kg de peso en su edad adulta.
- **Características especiales:** La coloración amarilla le sirve como un camuflaje perfecto al nadar sobre la arena del lecho marino. Puede vivir más de 80 años.
- **Hábitat:** Vive en aguas poco profundas de los océanos Pacífico y Atlántico. Pero también se han encontrado algunos ejemplares a 90 m de profundidad.
- **Dieta:** Le gusta cazar por la noche peces, crustáceos y otros organismos bentónicos. También se han documentado casos de canibalismo. Su técnica de caza consiste en acosar a su presa después de detectarla. Se acerca rápidamente a ella y frena de repente. Después la golpea, la sujeta fuertemente por la cabeza y la agita repetidas veces hasta que consigue arrancar trozos de carne.

El tiburón limón va a menudo acompañado de rémoras: son peces que se adhieren a la piel de otros peces más grandes (tiburones, tortugas, ballenas, etc.), a los que usan como medio de transporte. En la cabeza aplastada de las rémoras se puede ver un «disco de succión», con entre 10 y 28 láminas transversales, que les permiten agarrarse con fuerza a la piel de su transporte.

Como otros tiburones, tiene poros debajo de su hocico que detectan campos eléctricos, lo que les sirve para localizar presas y desplazarse orientándose con el campo magnético de la Tierra.

Tiburón toro

Falso come-hombres

Aunque tiene fama de atacar a las personas, realmente los seres humanos no somos un objetivo para él, pues no nos considera alimento. Sus ataques son más bien debidos a su costumbre de frecuentar zonas cercanas a las costas.

- **Nombre científico:** *Carcharias taurus*. También se le conoce como tiburón dientes cerrados o enfermera gris.
- **Tamaño:** Llegan a medir hasta 3,2 m de largo y pesar hasta 159 kg.
- **Características especiales:** Este tiburón se alimenta ¡de sus hermanos! ya antes de nacer. Las hembras dan a luz dos crías, que son las que quedan después de comerse unos a otros dentro del vientre de su madre.
- **Hábitat:** Está presente en los océanos Atlántico, Índico y Pacífico. Le gustan las aguas tropicales y templadas, cerca de los fondos arenosos de poca profundidad y las zonas de rompiente cercanas a la costa.
- **Dieta:** Extraordinariamente voraz, consume una gran variedad de peces, rayas, langostas, cangrejos, calamares e incluso pequeños tiburones. Suele viajar en solitario, aunque a veces caza en grupo.

Es el único tiburón conocido por tragar aire y almacenarlo en su estómago, lo que le permite estar inmóvil, flotando y en silencio, para no ser detectado por su presa.

A pesar de su fiero aspecto, es muy dócil y no representa una seria amenaza para los seres humanos: su boca no es lo suficientemente grande como para causar heridas fatales a las personas.

Su nariz es de forma cónica, su cabeza es estrecha y aplanada, y sus pequeños ojos no tienen membrana nictitante.
COMPARATIVA DE TAMAÑO
entre un tiburón toro y un humano.
Los dientes del tiburón toro son visibles hasta cuando tiene la boca cerrada. Presenta varias hileras de dientes muy afilados; cada vez que pierde un diente, es reemplazado por otro de la hilera posterior.
ZOOM · ZOOM · ZOOM

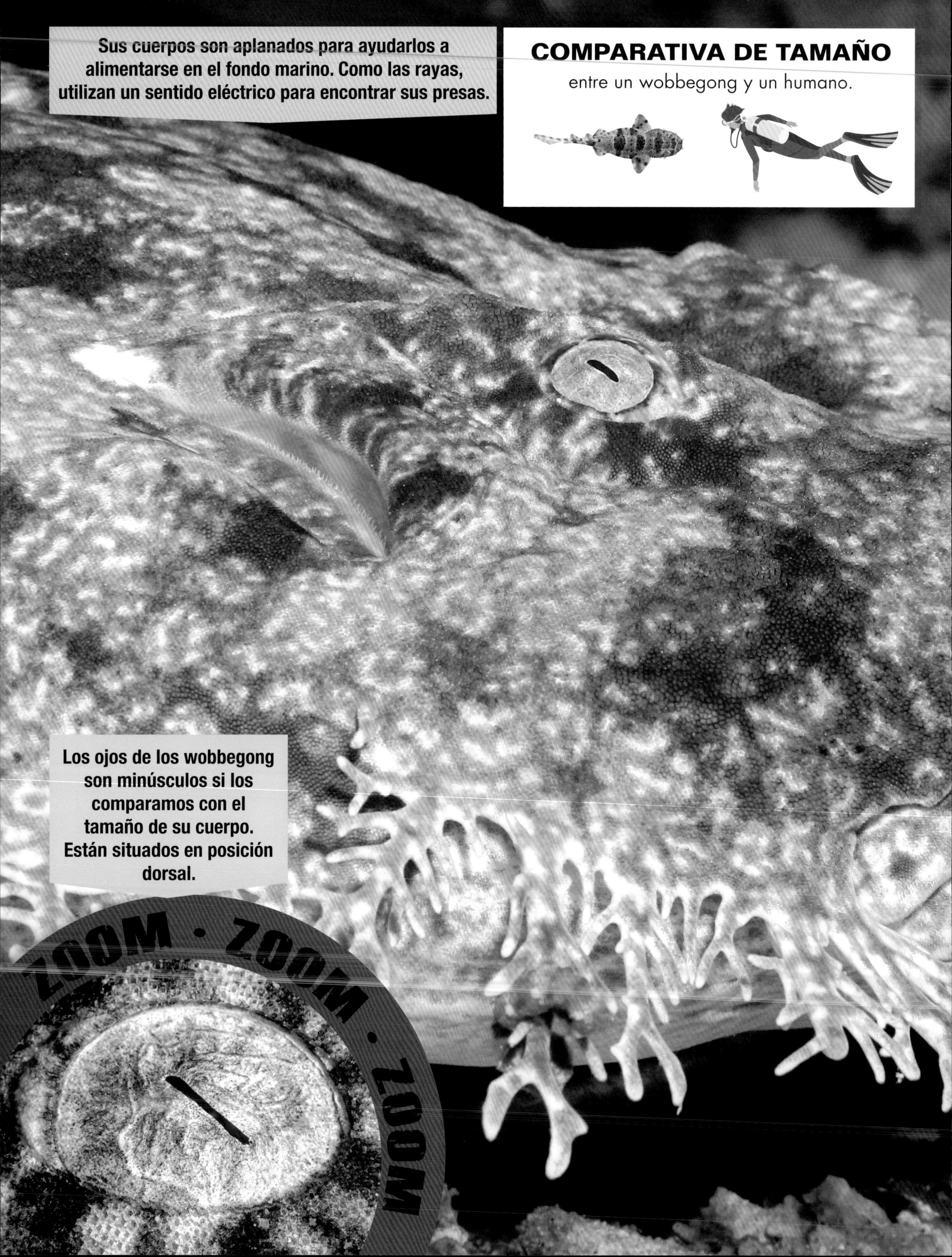

Sus cuerpos son aplanados para ayudarlos a alimentarse en el fondo marino. Como las rayas, utilizan un sentido eléctrico para encontrar sus presas.

COMPARATIVA DE TAMAÑO

entre un wobbegong y un humano.

Los ojos de los wobbegong son minúsculos si los comparamos con el tamaño de su cuerpo. Están situados en posición dorsal.

Tiburones wobbegong

Los mejor camuflados

Los filamentos que les crecen alrededor de la boca simulan algas que les ayudan a camuflarse, pero también les sirven como receptores sensoriales para localizar a sus presas.

- **Nombre:** *Wobbegong* es el nombre común de 12 especies de tiburones alfombra de la familia *orectolobidae*. Se cree que *wobbegong* proviene de la lengua aborigen australiana, y significaría algo así como «barba áspera», en referencia a los filamentos que crecen alrededor de la boca de estos tiburones.
- **Tamaño:** Tienen una longitud máxima de 1,25 m, aunque alguna especie puede alcanzar los 3 m.
- **Características especiales:** Su excelente camuflaje gracias al patrón simétrico de manchas oscuras de su piel les permite pasar completamente desapercibidos mientras descansan en el fondo marino.
- **Hábitat:** Aguas poco profundas de los océanos Pacífico e Índico.
- **Dieta:** Tienen hábitos nocturnos y se alimentan sobre todo de peces, pulpos, cangrejos o langostas. Pero tampoco desprecia a pequeños tiburones.

ATAQUES NO PROVOCADOS

Los wobbegong son prácticamente **invisibles** en aguas bajas; la mayoría de los ataques a humanos se debe a que estos se les han **acercado bruscamente** o que se han **tropezado** con ellos.

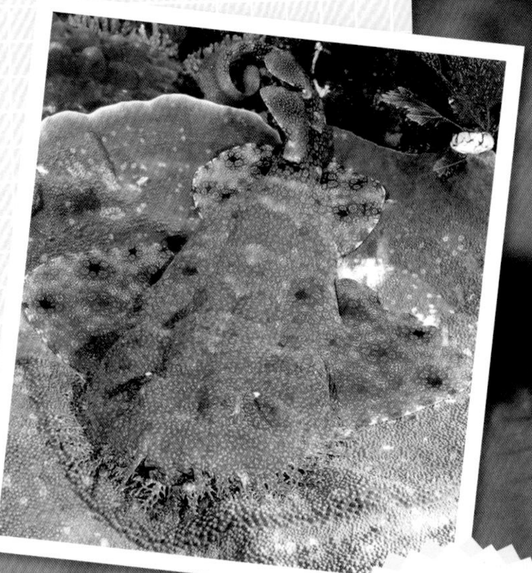

ESTADO DE CONSERVACIÓN

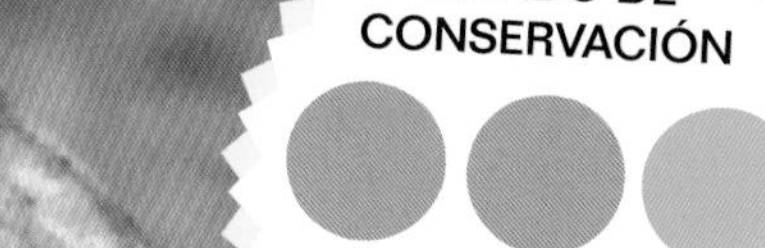

PREOCUPACIÓN MENOR

Los wobbegong no persiguen a sus presas: solo esperan a que pasen por su lado, para dar un acelerón que las pilla completamente por sorpresa.

Tiburón tigre

Otro superdepredador

Este tiburón engulle todo lo que encuentra a su paso y celebra auténticos banquetes carroñeros: suele ser el que caza a la presa y, una vez saciado, deja los restos esparcidos por el mar, lo que atrae a otros tiburones de menor tamaño.

- **Nombre científico:** *Galeocerdo cuvier*. El nombre del género *Galeocerdo* se deriva de la palabra griega *galeos*, que significa «tiburón» y de la palabra latina *cerdus*, que significa «pelo duro de cerdo».
- **Tamaño:** Es el cuarto tiburón más grande del planeta, después del tiburón ballena, el peregrino y el blanco. El tigre adulto suele pesar de 385 a 635 kg y su longitud oscila entre los 3,25 y 4,25 m.
- **Características especiales:** Al igual que el tiburón blanco, tiene un olfato súper desarrollado.
- **Hábitat:** Vive en aguas tropicales y subtropicales de todo el mundo con excepción de los polos.
- **Dieta:** Este depredador solitario y nocturno se alimenta de todo lo que esté a su alcance: peces, pulpos, calamares, sepias, rayas, otros tiburones, crustáceos, tortugas, aves, delfines... Y tampoco desprecia la carroña.

COMPARATIVA DE TAMAÑO
entre un tiburón tigre y un humano.

ESTADO DE CONSERVACIÓN
PREOCUPACIÓN MENOR

El nombre de «tigre» se debe a que, como el gran felino, este tiburón presenta una serie de rayas de color naranja o marrón claro en el dorso y costados que tienden a difuminarse con la edad, lo que hace más difícil distinguirlos.

El color de su piel varía del azul al verde azulado, lo que le proporciona un gran camuflaje, pues este tiburón suele cazar atacando a su presa desde abajo, pasando desapercibido en la profundidad. En la zona del vientre y la cara es de color blanco.

DIENTES COMO SERRUCHOS

Los **dientes** de este voraz animal son **cortos**, **ganchudos** y con **forma de sierra**, lo que le permite **romper** fácilmente **huesos** y **caparazones** de tortugas marinas.

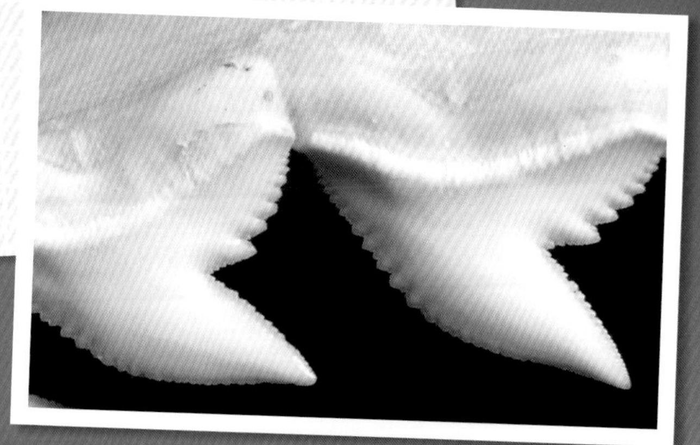

Sus ojos son grandes y redondos, y tiene los alargados orificios nasales muy adelantados.

Tiene una boca grande y parabólica. En caso de perder algún diente durante sus terribles ataques, otro crece para ocupar su lugar. ¿Cómo pueden hacer esto los tiburones sin necesidad de ir al dentista, como nosotros? Porque sus dientes están sujetos no a su mandíbula, sino a la carne de su boca.

ZOOM · ZOOM · ZOOM

Como les ocurre a otros tiburones, su piel está recubierta de dentículos dérmicos.

Su dorso tiene un color que va de oro-marrón a gris oscuro, mientras que su vientre es blanco como la nieve.

COMPARATIVA DE TAMAÑO

entre un tiburón sedoso y un humano.

Los dientes del tiburón sedoso tienen forma triangular y están muy aserrados en la mandíbula superior, presentando una muesca en el borde posterior. Los de la mandíbula inferior son estrechos, erectos y de filo liso. Tiene de 13 a 17 filas de dientes en cada mandíbula.

Los tiburones sedosos son hipersensibles a los sonidos de baja frecuencia (por debajo de 20 Hz)… ¿Qué significa esto? ¡Que pueden escuchar el ruido que hacen tus músculos cuando te mueves!

Tiburón sedoso

Activo, curioso y… agresivo

Dado su tamaño y sus dientes, se considera peligroso para los humanos… pero rara vez entra en contacto con ellos: prefiere las profundidades para buscar alimento.

- **Nombre científico:** *Carcharhinus falciformis.*
- **Tamaño:** Puede llegar a alcanzar más de 3 m de longitud, con un peso de unos 350 kg.
- **Características especiales:** Este tiburón es famoso por su piel relativamente más suave que la de otras especies de tiburones, de ahí su nombre. También se le llama tiburón lustroso.
- **Hábitat:** Vive en las aguas de las zonas tropicales y subtropicales del océano Atlántico, Pacífico e Índico.
- **Dieta:** Su comida favorita son peces óseos (atún, caballa, sardina, etc.), calamares y cangrejos.

ESPECIE AMENAZADA

Al tiburón sedoso le gusta **desplazarse** metido en los bancos de **atunes** (su comida favorita), pero esto supone que los **barcos atuneros** les **atrapen** de manera **accidental** cuando echan sus redes. Por eso, aunque es una de las especies más abundantes de tiburón, está **seriamente amenazado.**

ESTADO DE CONSERVACIÓN

AMENAZADO

Tiburón de arrecife de punta blanca

Cazador nocturno

Después de anochecer, explora metódicamente el arrecife en grupo; cuando uno localiza una presa, la arrinconan entre todos impidiendo su huida. Pero al contrario que otros escualos, no se ponen frenéticos cuando se alimentan en grupo, y pueden sobrevivir hasta 6 semanas sin comer.

- **Nombre científico:** *Triaenodon obesus*. Curiosa elección de nombre, porque en realidad es muy delgado.
- **Tamaño:** Es relativamente pequeño: apenas sobrepasa los 2 m de longitud y los 18 kg de peso.
- **Características especiales:** Su boca tiene un pronunciado sesgo hacia abajo, lo que le da una expresión de descontento.
- **Hábitat:** Le gustan las aguas claras y poco profundas de los océanos Índico y Pacífico.
- **Dieta:** Se alimenta de peces con espinas, además de pulpos, langostas y cangrejos. Cazan sobre todo de noche, cuando los peces duermen y son fáciles de capturar.

La piel es de color gris virando a pardo por encima y blanco por debajo, con puntos oscuros dispersos y dispuestos de manera única en cada individuo.

El tiburón de arrecife de punta blanca es muy sensible a los olores, sonidos y campos eléctricos producidos por sus posibles presas: detecta especialmente bien, por ejemplo, el sonido que hacen los peces agitados. En cambio, no tiene muy buena vista…

Al contrario que otros tiburones, que tienen que nadar constantemente para respirar, este escualo puede bombear agua sobre sus branquias y permanecer inmóvil dentro de cuevas en el arrecife durante el día.

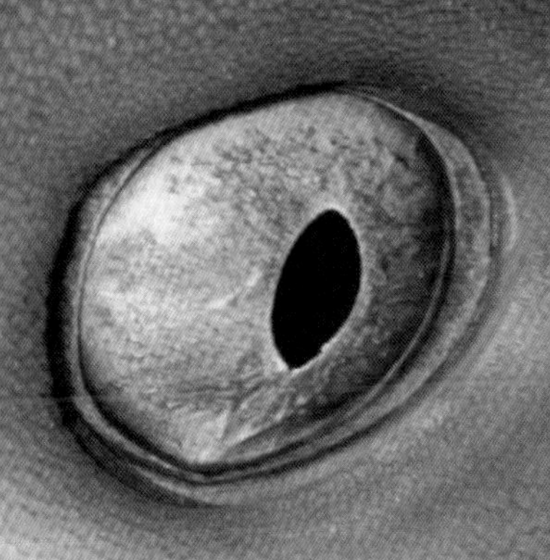

Tiene un cuerpo delgado, con la cabeza corta y ancha. El hocico es aplanado, con largos apéndices enrollados en forma de tubo de piel delante de los orificios nasales. Sus ojos son pequeños y ovalados, con pupilas verticales.

Por el día pasa la mayor parte del tiempo descansando en el interior de cuevas solo o apilado en pequeños grupos.

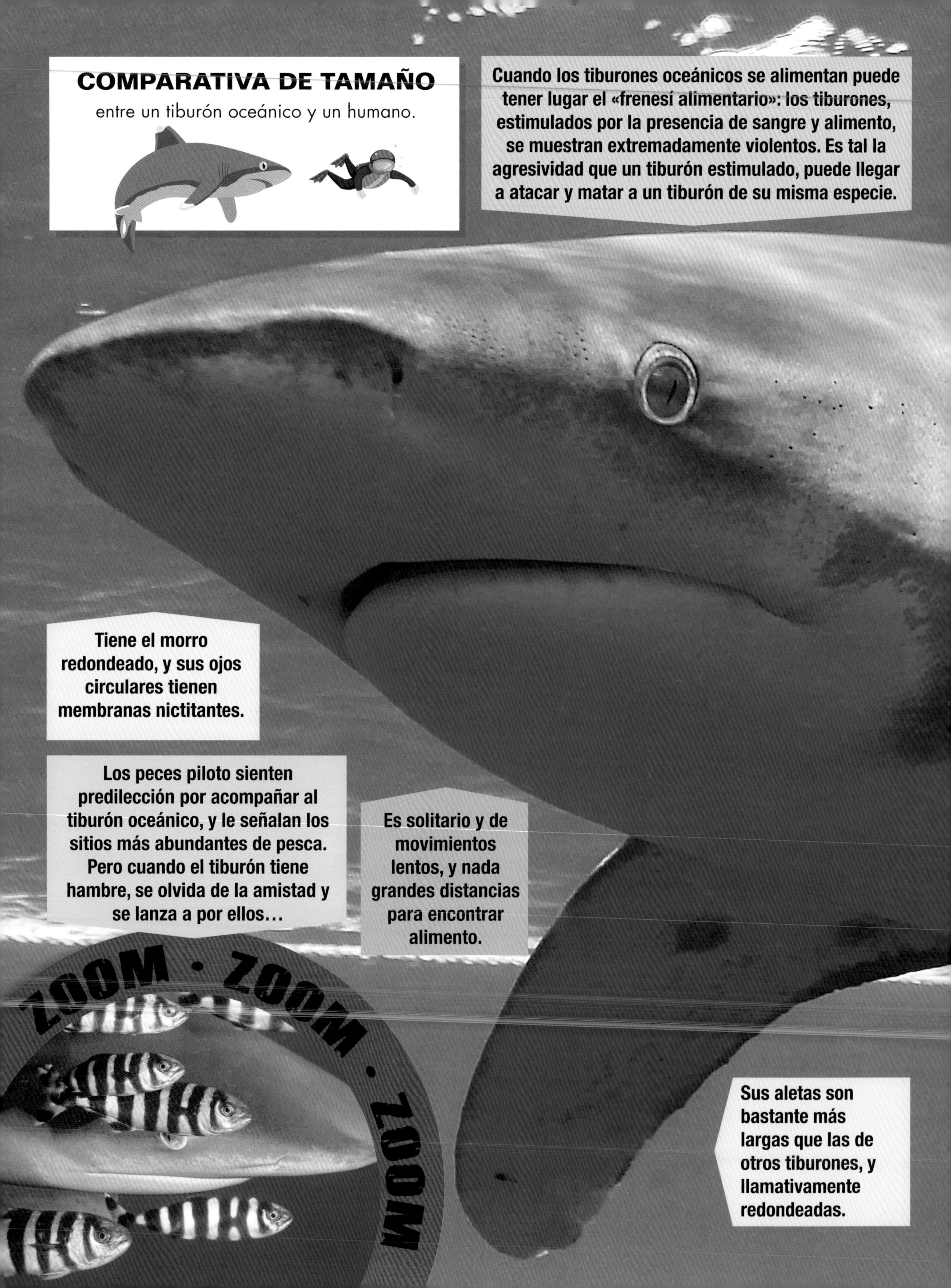

COMPARATIVA DE TAMAÑO

entre un tiburón oceánico y un humano.

Cuando los tiburones oceánicos se alimentan puede tener lugar el «frenesí alimentario»: los tiburones, estimulados por la presencia de sangre y alimento, se muestran extremadamente violentos. Es tal la agresividad que un tiburón estimulado, puede llegar a atacar y matar a un tiburón de su misma especie.

Tiene el morro redondeado, y sus ojos circulares tienen membranas nictitantes.

Los peces piloto sienten predilección por acompañar al tiburón oceánico, y le señalan los sitios más abundantes de pesca. Pero cuando el tiburón tiene hambre, se olvida de la amistad y se lanza a por ellos…

Es solitario y de movimientos lentos, y nada grandes distancias para encontrar alimento.

ZOOM · ZOOM · ZOOM

Sus aletas son bastante más largas que las de otros tiburones, y llamativamente redondeadas.

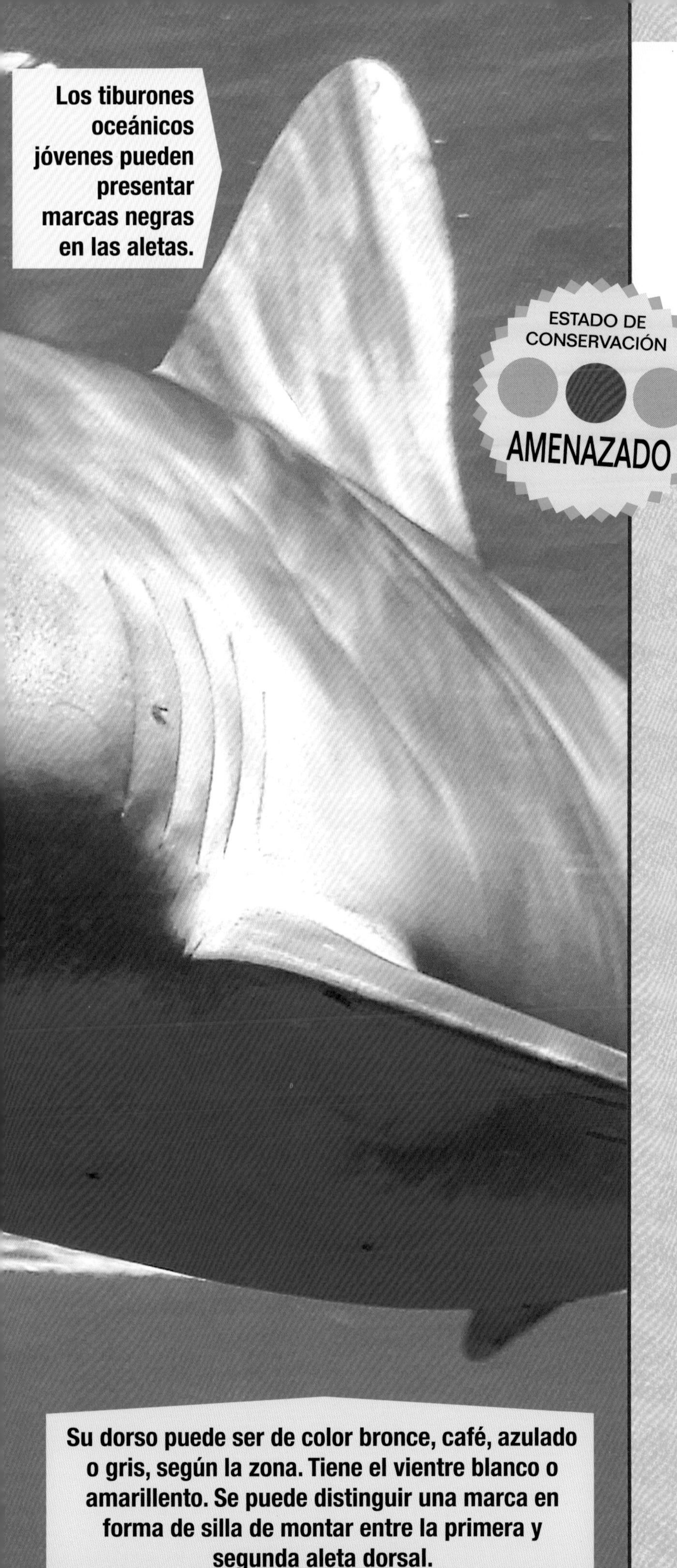

Los tiburones oceánicos jóvenes pueden presentar marcas negras en las aletas.
ESTADO DE CONSERVACIÓN
AMENAZADO
Su dorso puede ser de color bronce, café, azulado o gris, según la zona. Tiene el vientre blanco o amarillento. Se puede distinguir una marca en forma de silla de montar entre la primera y segunda aleta dorsal.

Tiburón oceánico de puntas blancas

Perros marinos

Así llamaban los marinos hasta el siglo XVI a estos tiburones, porque seguían a los barcos en busca de alimento. Se aproximaban con cautela manteniendo las distancias, pero listos para saltar con violencia si eran atraídos por algo que parecía comida.

- **Nombre:** *Carcharhinus longimanus*. El adjetivo *longimanus* hace referencia a sus largas aletas pectorales: en latín significa «manos largas».
- **Tamaño:** No suelen sobrepasar los 3 m de longitud, y su peso máximo es de 170 kg.
- **Características especiales:** La mayor parte de sus aletas tienen la punta de color blanco.
- **Hábitat:** Aguas profundas de casi todos los océanos.
- **Dieta:** Se alimenta sobre todo de peces óseos y cefalópodos, pero puede llegar a ser poco selectivo: come hasta basura arrojada por los barcos.

Tiburón de puntas negras

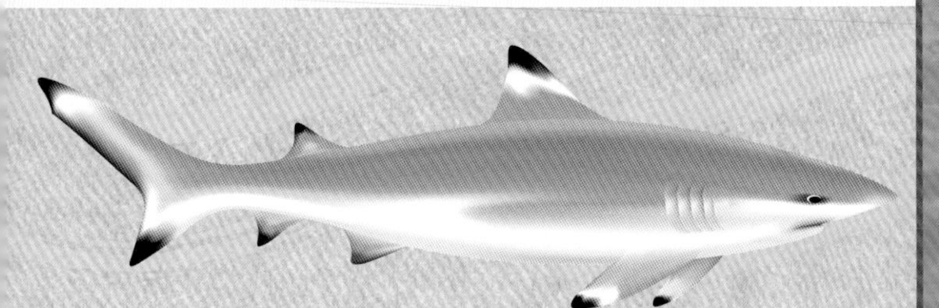

De los más abundantes

Aunque es tímido y asustadizo, es un tiburón que se adapta muy bien a la vida en cautiverio; por eso se le encuentra con frecuencia en acuarios (otros tiburones rechazan la comida y terminan muriendo). Es fácil distinguirlo por las puntas negras de sus aletas.

- **Nombre científico:** *Carcharhinus melanopterus*. Literalmente, el adjetivo *melanopterus* significa «aleta negra».
- **Tamaño:** Alcanza una longitud de 1,6 m, con un peso de unos 13 kg.
- **Características especiales:** Es un tiburón fácilmente identificable por los contornos negros de sus aletas.
- **Hábitat:** Vive en los arrecifes tropicales de coral de los océanos Índico y Pacífico. Le gusta pasar su tiempo en aguas poco profundas cerca de las costas.
- **Dieta:** Es un activo depredador de pequeños peces óseos, cefalópodos, crustáceos y también serpientes y aves marinas. Normalmente caza de noche.

COMPARATIVA DE TAMAÑO
entre un tiburón de puntas negras y un humano.

ESTADO DE CONSERVACIÓN

PREOCUPACIÓN MENOR

Lleva una vida solitaria o en pequeños grupos.

Además de las puntas negras, un margen oscuro recorre su aleta caudal.

Sus dientes son estrechos, afilados y muy serrados, especialmente diseñados para comer peces de arrecife.

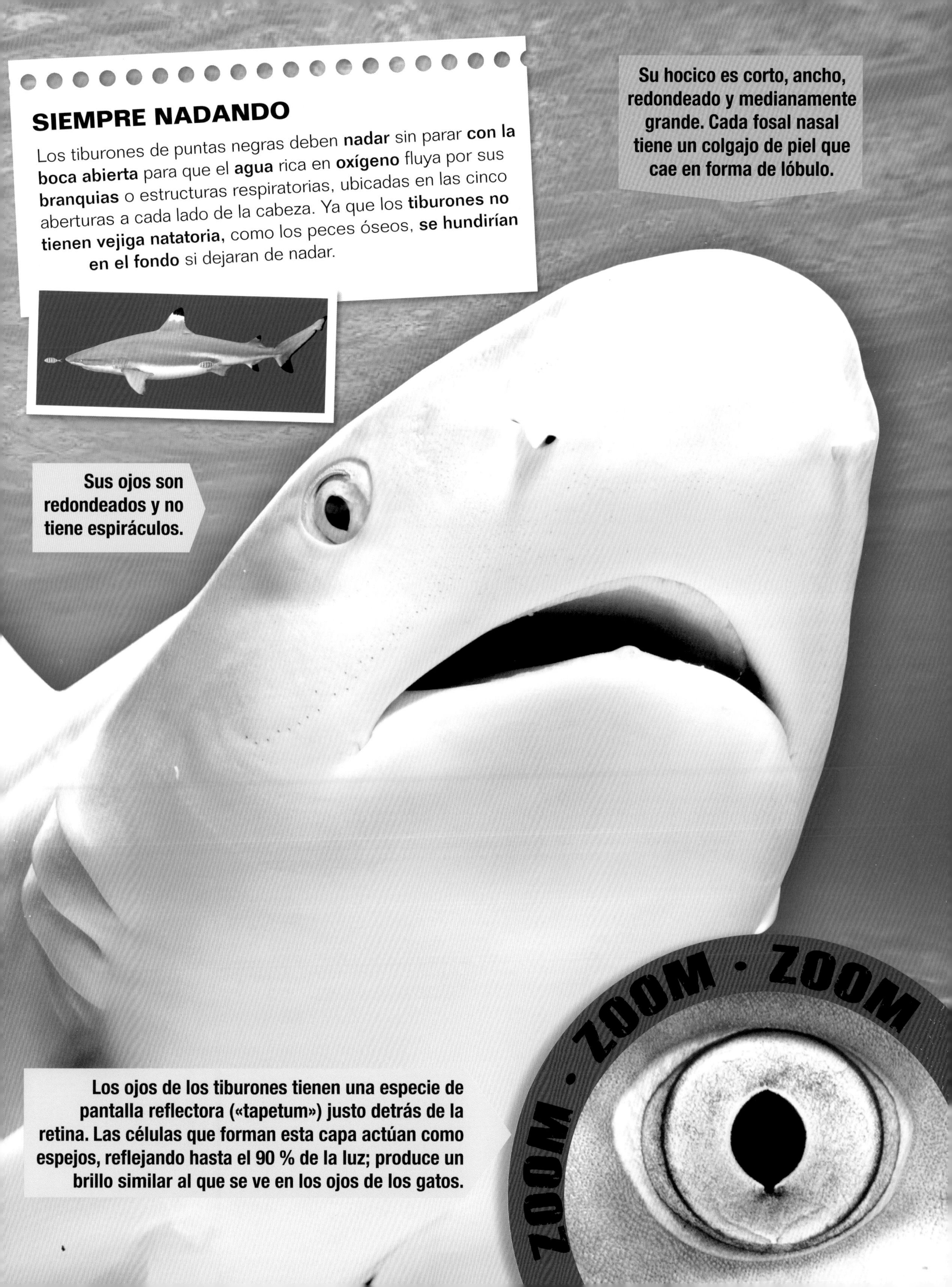

SIEMPRE NADANDO

Los tiburones de puntas negras deben **nadar** sin parar **con la boca abierta** para que el **agua** rica en **oxígeno** fluya por sus **branquias** o estructuras respiratorias, ubicadas en las cinco aberturas a cada lado de la cabeza. Ya que los **tiburones no tienen vejiga natatoria**, como los peces óseos, **se hundirían en el fondo** si dejaran de nadar.

Su hocico es corto, ancho, redondeado y medianamente grande. Cada fosal nasal tiene un colgajo de piel que cae en forma de lóbulo.

Sus ojos son redondeados y no tiene espiráculos.

Los ojos de los tiburones tienen una especie de pantalla reflectora («tapetum») justo detrás de la retina. Las células que forman esta capa actúan como espejos, reflejando hasta el 90 % de la luz; produce un brillo similar al que se ve en los ojos de los gatos.

MUY SOCIABLES

Desde su **nacimiento**, los tiburones leopardo forman **grandes grupos** con otros ejemplares de su misma especie de **edad** similar y mismo **sexo**. Normalmente no hacen grandes desplazamientos, sino que les gusta **permanecer** alrededor de una **misma zona.**

Las ampollas de Lorenzini le permiten orientarse con ayuda del campo magnético terrestre y detectar cambios de temperatura.

COMPARATIVA DE TAMAÑO

entre un tiburón leopardo y un humano.

Su vientre es de color blanco.

Cuenta con 41 a 55 filas de dientes en la mandíbula superior y de 34 a 45 en la inferior, todos ordenados en hileras que se superponen. Como otros tiburones, sus dientes se renuevan periódicamente, y a cada diente le lleva entre 9 y 12 días moverse hacia su posición.

El tiburón leopardo captura a sus presas succionándolas con la boca, a la vez que saca hacia fuera sus mandíbulas para atraparlas entre sus dientes. ¡No tienen escapatoria!

Sus ojos, largos y ovalados, están provistos de membrana nictitante. La línea de su boca está muy curvada.

ESTADO DE CONSERVACIÓN

PREOCUPACIÓN MENOR

Tiene tapas de piel en forma de triángulo frente a sus orificios nasales.

Tiene una coloración única, consistente en llamativas franjas y manchas negras que cubren su espalda, sobre un fondo entre gris y color bronce. Los adultos tienen más franjas y manchas que los ejemplares jóvenes.

Tiburón leopardo

Fácil de identificar

Este inofensivo escualo es fácilmente reconocible por su llamativo patrón de marcas y manchas a lo largo de su dorso, a las que debe su nombre común.

- **Nombre científico:** *Triakis semifasciata*. El nombre específico *semifasciata* proviene del latín *semi* («mitad») y *fasciatus* («rayado»), en referencia a las marcas de su dorso.
- **Tamaño:** Alcanza apenas los 1,5 m de longitud, y el tiburón leopardo más pesado que se ha conocido llegó a los 18 kg.
- **Características especiales:** Además de su original coloración, sus glóbulos rojos son más pequeños y más numerosos en su sangre que en otros tiburones, lo que le permite procesar el oxígeno de forma más eficaz. Puede ser una adaptación para buscar alimento en sitios con poco oxígeno.
- **Hábitat:** Viven en aguas frías o templadas y poco profundas del océano Pacífico.
- **Dieta:** Le gusta buscar entre las rocas y en el fondo marino almejas, gusanos, cangrejos, camarones, peces óseos y huevas de peces.

Tiburón cañabota gris

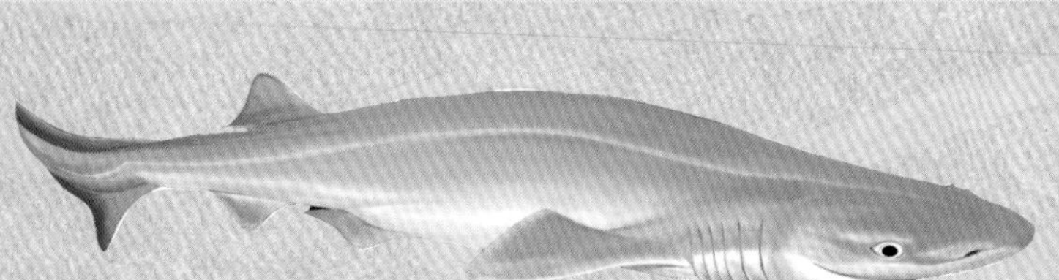

Fósil viviente

Este tiburón habitante de aguas profundas (se le ha llegado a localizar hasta a 2.000 m de profundidad) apenas ha evolucionado desde sus ancestros del Jurásico, hace unos 190 millones de años.

- **Nombre científico:** *Hexanchus griseus*. También se le llama tiburón vaca, porque sus movimientos son muy lentos comparados con los de otros tiburones.
- **Tamaño:** Llega a medir casi 5 m de longitud, y ronda los 1.000 kg de peso. Es uno de los tiburones más grandes.
- **Características especiales:** No es una especie peligrosa para el ser humano, a menos que este coma su carne cruda... ¡es tóxica por sus fuertes efectos laxantes!
- **Hábitat:** Este solitario tiburón vive en las costas oceánicas tropicales y templadas a profundidades de hasta 2.000 m, aunque a veces sube por la noche hasta el litoral y es posible observarlo a pocos metros de la superficie.
- **Dieta:** Come de todo: peces, crustáceos, otros tiburones... Y también cadáveres que caen hasta el lecho marino.

ESTADO DE CONSERVACIÓN
AMENAZADO

Tiene un cuerpo robusto, con la cabeza ancha y aplanada.

Sus seis branquias indican que es un tiburón muy primitivo, pues los tiburones más evolucionados presentan cinco.

Tiene un color pardo grisáceo o verdoso, con las aletas más oscuras y el vientre más pálido, lo cual le permite mimetizarse perfectamente en las aguas oscuras de las profundidades.

Los adultos son muy sensibles a la luz, por lo que apenas se les suele ver de día en aguas poco profundas.

COMPARATIVA DE TAMAÑO

entre una cañabota y un humano.

Las hembras preñadas tienen de 20 a 100 embriones, entre los que se produce canibalismo intrauterino.

Sus ojos son grandes, ovalados y verdosos, sin membrana nictitante y fluorescentes.

ZOOM · ZOOM · ZOOM · ZOOM

Tiene los dientes de la mandíbula superior en una fila, mientras que en la mandíbula inferior presenta 6 filas, con forma de peine.

COMPARATIVA DE TAMAÑO

entre un tiburón cobrizo y un humano.

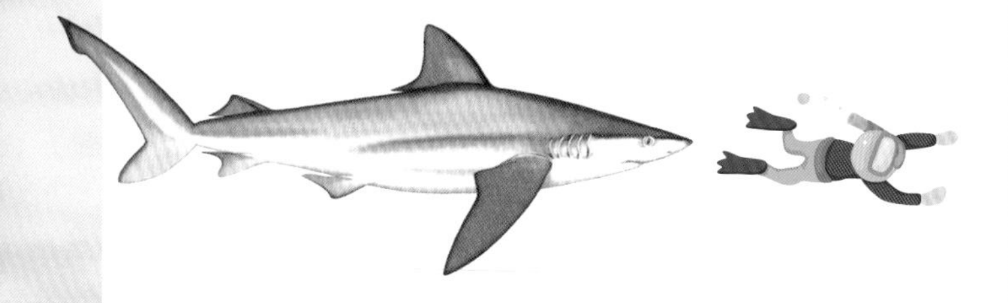

Cuando caza presas de gran tamaño, este tiburón lanza un gran mordisco a su víctima, y luego vuelve a darle otro; regresa una y otra vez a darle mordiscos hasta que mata a su presa.

Es un tiburón típico, con un cuerpo extraordinariamente hidrodinámico diseñado para nadar a alta velocidad cuando persigue a sus presas.

No es el más peligroso de los tiburones que pueblan los océanos, pero si te ataca… te hará mucho daño.

ZOOM · ZOOM · ZOOM

Mata a sus víctimas con un solo mordisco de sus curvados dientes.

Tiburón cobrizo

¿Brilla como el cobre?

Pues en realidad no, aunque se le puso este nombre por la coloración cobriza de la parte superior de su cuerpo. Con ella pasa desapercibido, pues mirado desde arriba se confunde con el fondo marino. En cambio, si le miras desde abajo, el blanco de su vientre parece el color del cielo.

- **Nombre científico:** *Carcharhinus brachyurus.*
- **Tamaño:** Los más grandes pueden llegar a 3,5 m de longitud, y superar los 300 kg de peso. ¡Un auténtico torpedo!
- **Características especiales:** Su dentadura le permite matar a presas grandes y pequeñas a la vez: con sus dientes curvados puede dejar enganchadas a presas pequeñas o rasgar grandes pedazos de carne.
- **Hábitat:** Vive en la mayor parte de los océanos del mundo, y siente predilección por las aguas cálidas o templadas.
- **Dieta:** Es un pez activo, un hábil depredador de rápida natación que suele cazar en grupos grandes. Su comida favorita son peces óseos, calamares, pulpos y pequeños tiburones y rayas.

¡A RODEARLOS!

A menudo los tiburones cobre colaboran juntos para cazar **presas pequeñas**, como sardinas o caballas. **Rodean** grandes **bancos** de estos peces y los van estrechando en un grupo **apretado**, como una gran **bola**. Entonces **nadan** con la **boca abierta atravesando** la bola, y consiguen **docenas de pescados** ¡de **un solo bocado!**

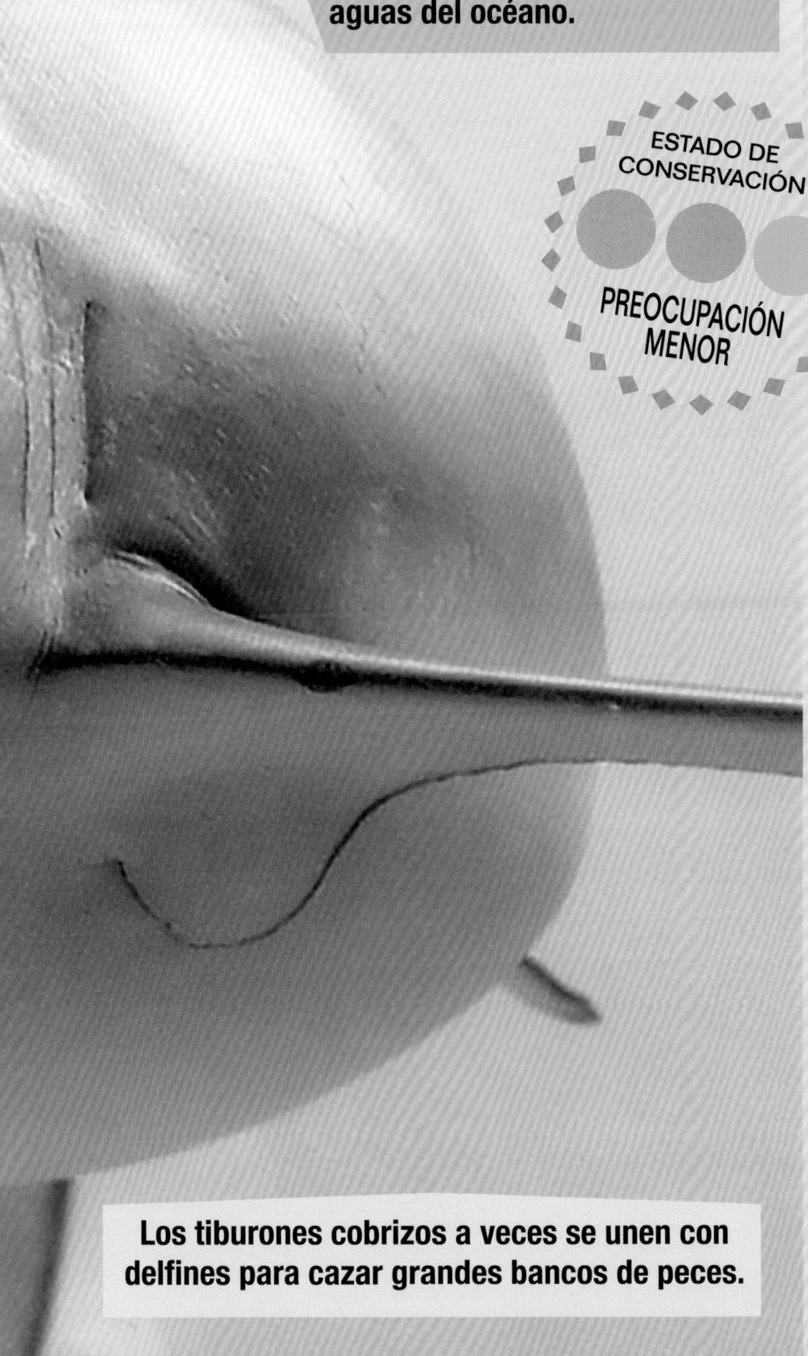

El tiburón cobrizo tiene una curiosa costumbre: le gusta alimentarse furiosamente de los cadáveres de ballena muerta que encuentra flotando por las aguas del océano.

ESTADO DE CONSERVACIÓN

PREOCUPACIÓN MENOR

Los tiburones cobrizos a veces se unen con delfines para cazar grandes bancos de peces.

Tiburón sombrero

Pequeño martillo

Este tiburón (pariente del tiburón martillo) es fácilmente identificable por la curiosa forma de su cabeza. La frente redondeada y las características prolongaciones laterales donde están situados los ojos le hacen parecer una pala o un sombrero.

- **Nombre científico:** *Sphyrna tiburo*. *Sphyrna* significa en griego «martillo».
- **Tamaño:** Suele medir entre 80 cm y 1,20 m. Pesa unos 10 kg.
- **Características especiales:** Es una especie muy abundante y muy bien estudiada por sus costumbres migratorias: nada en grandes bancos hacia las regiones cálidas en invierno, y hacia las más frías en verano.
- **Hábitat:** Habita en aguas templadas, costeras y de poca profundidad cercanas a América del Norte y del Sur, en los océanos Atlántico y Pacífico.
- **Dieta:** Normalmente vive en grupos de entre 5 y 15 individuos, y se alimenta principalmente de crustáceos y pequeños peces. Los aferra con sus puntiagudos dientes anteriores y los tritura con los posteriores, más aplanados.

ESTADO DE CONSERVACIÓN

AMENAZADO

Los hembras pueden traer descendencia sin tener contacto con un macho en ciertas condiciones, como acuarios.

Puede detectar una gota de sangre a una distancia de un kilómetro y medio.

Es de color gris o gris café con manchitas oscuras en el dorso y blanco en su vientre. Esta contracoloración le ayuda a sorprender a sus presas, ya que desde abajo se confunde con el brillo de las aguas de la superficie y desde arriba con el fondo marino.

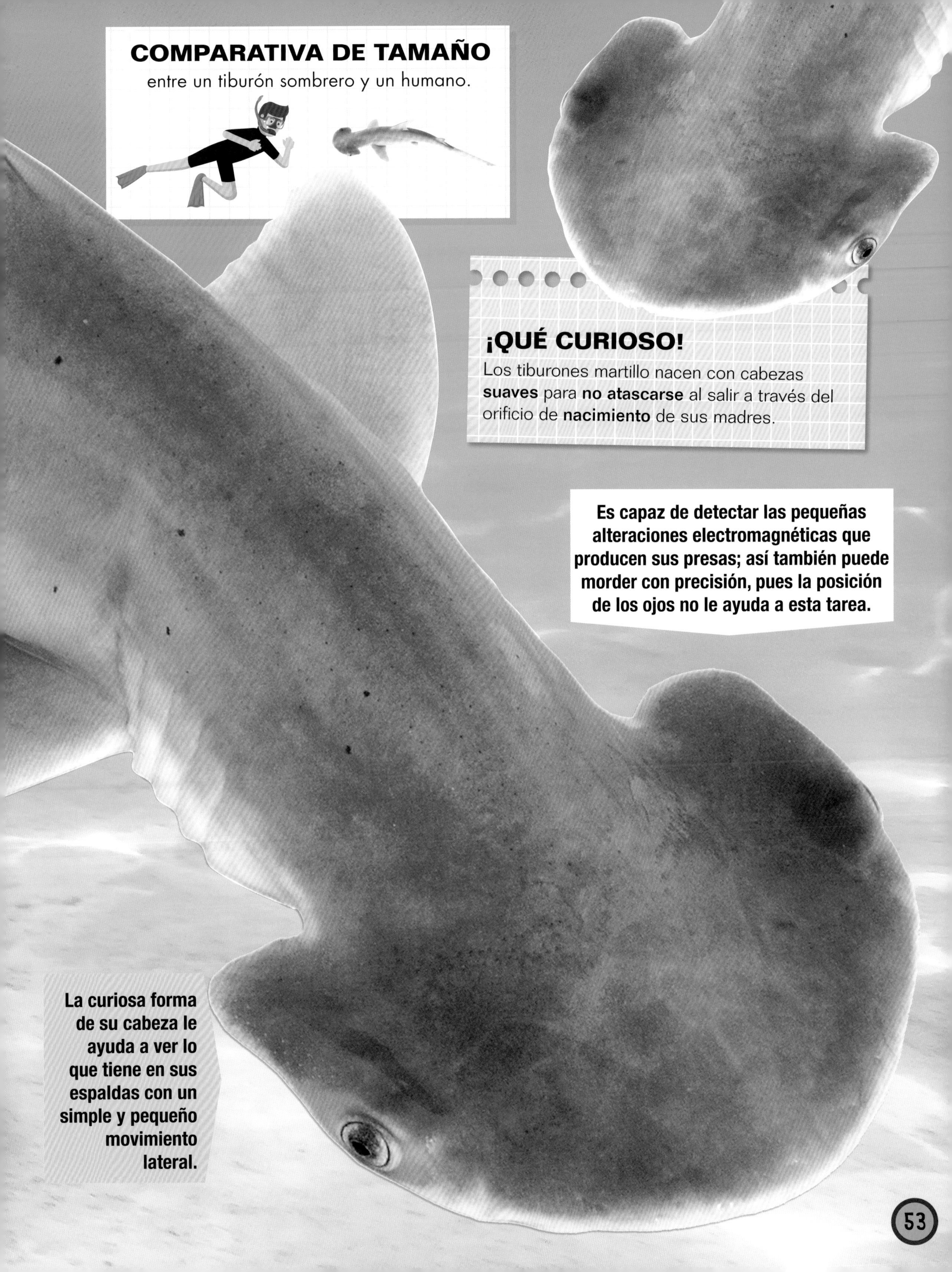

COMPARATIVA DE TAMAÑO

entre un tiburón sombrero y un humano.

¡QUÉ CURIOSO!

Los tiburones martillo nacen con cabezas **suaves** para **no atascarse** al salir a través del orificio de **nacimiento** de sus madres.

Es capaz de detectar las pequeñas alteraciones electromagnéticas que producen sus presas; así también puede morder con precisión, pues la posición de los ojos no le ayuda a esta tarea.

La curiosa forma de su cabeza le ayuda a ver lo que tiene en sus espaldas con un simple y pequeño movimiento lateral.

Tiburón de arrecife del Caribe

Si tienes el estómago sensible, no sigas leyendo: esta especie es capaz de devolver todo el contenido de sus estómagos, lo que le ayuda a limpiarse interiormente de parásitos, partículas no digeribles y el moco de revestimiento de su propio estómago.

Fuerte y obstinado

Si alguien tiene el aspecto clásico de tiburón, ese es el tiburón de arrecife del Caribe. Este formidable animal patrulla los arrecifes de coral de esta zona en busca de su comida favorita: peces óseos, cefalópodos y rayas.

- **Nombre científico:** *Carcharhinus perezi.*
- **Tamaño:** Puede alcanzar los 2-2,5 m de largo, hasta un máximo de 3 m, con un peso máximo de 70 kg.
- **Características especiales:** Evita al ser humano, pero puede ser especialmente agresivo con los buceadores. Por desgracia, su número ha descendido de forma considerable debido a la pesca, pues su carne, su piel y el aceite que se obtiene de su hígado son muy apreciados.
- **Hábitat:** Vive en las aguas tropicales del océano Atlántico occidental, desde Florida (EE.UU.) hasta Brasil. Es el tiburón más abundante en esta zona.
- **Dieta:** Se alimenta de peces, moluscos y crustáceos.

Su robusto cuerpo es perfectamente hidrodinámico.

Su dorso es de color gris pizarra, tirando hacia un tono café, mientras que su vientre es blanquecino o blanco amarillento.

HIPNOTIZANDO TIBURONES

Inmovilidad tónica es un estado de **parálisis temporal** que se da en los tiburones causado por el **roce en su nariz**. Se desconoce por qué los tiburones responden a un masaje en la nariz de esta manera, pero se piensa que podría ser un **mecanismo de defensa**. Eso sí, para que se dé esta conducta, el animal tiene que estar **en vertical**, es decir, su aleta dorsal debe apuntar al suelo marino. En esa posición y con el masaje, el tiburón entra en un estado de parálisis que dura **unos 15 minutos**, durante el cual su **respiración** y sus **contracciones musculares** se vuelven más **estables** y **relajadas**. Tú por si acaso no lo intentes...

ZOOM · ZOOM · ZOOM

La cabeza es comprimida, y su morro, relativamente corto, es redondeado.

Los dientes del tiburón de arrecife del Caribe tienen amplias bases, bordes dentados y cúspides estrechas.

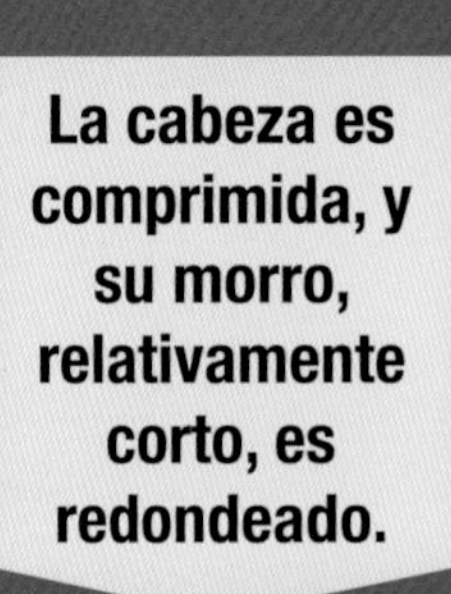

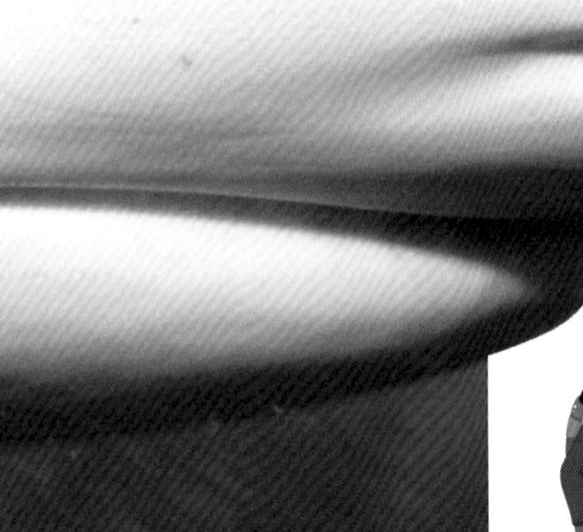

Sus ojos son grandes y circulares, y están provistos de membrana nictitante.

COMPARATIVA DE TAMAÑO

entre un tiburón de arrecife del Caribe y un humano.

El tiburón gato es un buen nadador y un viajero incansable, capaz de recorrer la friolera de 56 km en un solo día. Se desplaza en grupos, en verano hacia el norte y en invierno en dirección contraria, hacia aguas más cálidas.

Se le llama tiburón gato por sus grandes y redondos ojos, que recuerdan a los del pequeño felino.

Es característico de este tiburón su largo hocico, que además es traslúcido por su parte inferior.

ZOOM · ZOOM · ZOOM

Es uno de los tiburones más longevos: puede llegar a vivir hasta 60 años.

Sus dientes son similares en las dos mandíbulas: pequeños, de forma triangular y aserrados por su parte interior.

Tiburón gato

No es muy atractivo, ¿verdad?

Quizá no tenga un aspecto muy glamuroso para ser un tiburón, pero ahí donde le véis es un pez muy fiero, combativo y voraz, y un excelente nadador, como sus hermanos más grandes.

- **Nombre científico:** *Galeorhinus galeus*. En el sur de España se le conoce como cazón.
- **Tamaño:** Los ejemplares adultos pueden medir entre 1,2 y 1,7 m de longitud, con un peso medio de 10-15 kg.
- **Características especiales:** Algunos tiburones gato tienen la curiosa capacidad de llenar sus estómagos de agua o aire cuando se sienten amenazados, de manera que aumentan su volumen de 2 a 3 veces.
- **Hábitat:** Mares tropicales y templados de todo el planeta.
- **Dieta:** Es un voraz depredador de todo tipo de peces e invertebrados: arenques, sardinas, anchoas, salmones, merluzas, cangrejos, erizos de mar… Tampoco desprecia los pulpos y los calamares.

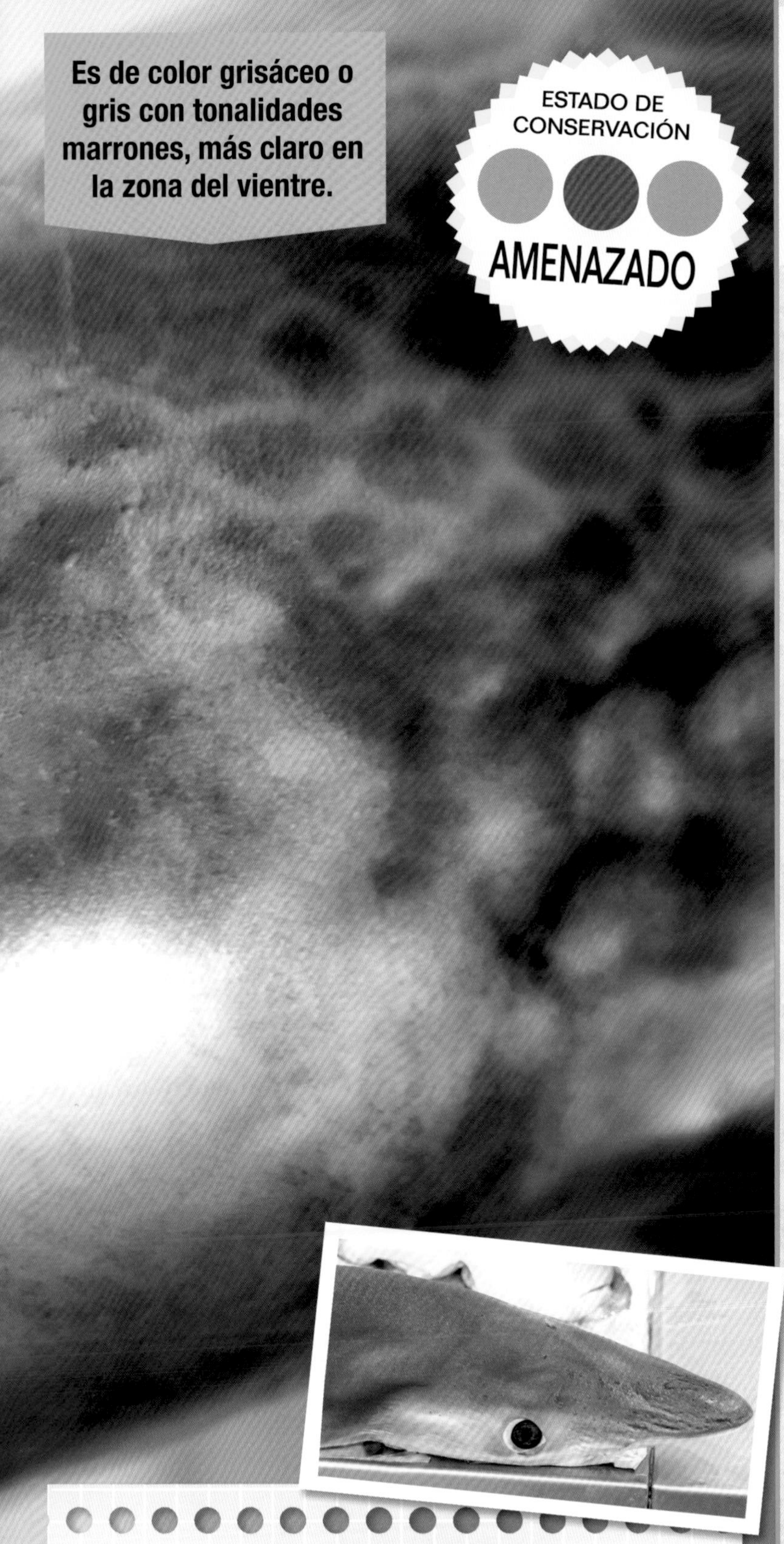

Es de color grisáceo o gris con tonalidades marrones, más claro en la zona del vientre.
ESTADO DE CONSERVACIÓN
AMENAZADO

¡¡¡¡EN PELIGRO!!!!

Desgraciadamente, el tiburón gato es una especie **extremadamente comercial**, tanto por su **excelente carne**, como por sus **aletas** (se utilizan para hacer sopa de aleta de tiburón) y por su **hígado**, rico en vitamina A (se le llama también tiburón vitamínico). Por todo ello se le ha sometido a una **intensa sobrepesca.**

Tiburón bambú

Uno de los tiburones más pequeños

El tiburón bambú es uno de los más pequeños que existen: llega a medir poco más de un metro, incluida su larga cola. Por esto y por su carácter poco agresivo, es uno de los tiburones más frecuentes en los acuarios caseros.

- **Nombre científico:** *Chiloscyllium punctatum*. En griego, *cheilos* significa «labio», y *skylla*, «tiburón». *Punctatum* viene del latín, y significa «punteado».
- **Tamaño:** Apenas sobrepasa 1 m de longitud.
- **Características especiales:** Tiene un cuerpo alargado y plano, con bandas de color marrón sobre fondo blanco a lo largo de todo su cuerpo. En los ejemplares jóvenes el contraste de color es muy fuerte, pero según llegan a adultos se va haciendo menos evidente.
- **Hábitat:** Viven en el Océano Índico y en el Pacífico, desde India hasta Australia y Japón. Les gusta vivir en huecos donde no llega la luz.
- **Dieta:** Se alimentan de pequeños crustáceos escondidos en los arrecifes de coral.

El tiburón bambú es uno de los pocos tiburones que nacen fuera del vientre de su madre: surge de un extraño huevo alargado y aplanado semejante a una ostra, que su madre pega entre la vegetación del fondo marino. Se puede ver perfectamente el embrión a través de la cáscara del huevo.

EL TIBURÓN QUE CAMINA

El tiburón bambú **camina** por el lecho marino utilizando sus **aletas** como **patas** buscando peces y crustáceos para alimentarse.

Los ojos y las cejas están en una posición elevada. La boca esta más cerca de los ojos que de la punta de la nariz.

Posee unos pequeños apéndices al final de la boca, que tienen función sensorial y que utilizan para encontrar los pequeños crustáceos de los que se alimentan.

20 curiosidades increíbles sobre los tiburones

1. Los tiburones pueden llegar a tener 30.000 dientes a lo largo de su vida.
2. Un ejemplar de gran tiburón blanco puede llegar a pesar lo mismo que 15 gorilas.
3. Los tiburones pueden estar sin comer hasta 6 semanas.
4. Unas 30 personas mueren al año por el ataque de un tiburón, así que es más probable que mueras por la picadura de abejas asesinas o fulminado por un rayo. También hay más posibilidades de que te muerda otra persona.
5. Algunas especies de tiburones se ahogarían si dejaran de nadar. Esto es porque carecen de los músculos necesarios para bombear el agua a través de su boca.
6. Los tiburones no hacen tres comidas al día, como nosotros. Comen cuando tienen hambre, independientemente de la hora.
7. Casi todos los tiburones cazan en solitario. Por cierto, no les gusta trabajar demasiado en busca de comida.
8. El gran tiburón blanco ingiere unas 11 toneladas de comida al año. Un humano come aproximadamente media tonelada en el mismo espacio de tiempo.
9. Las hembras de los tiburones tigre tienen dos úteros diferentes para dar a luz a muchas crías.
10. El esqueleto del tiburón está compuesto de cartílago. Al morir, la sal marina disuelve el esqueleto, y solo quedan sus dientes.
11. Un tiburón ballena puede tener 300 crías en una camada.
12. El período de gestación de una hembra de tiburón oscila desde los cinco meses hasta los dos años.
13. La visión de los tiburones abarca casi 360°, pero tienen dos puntos ciegos: uno justo delante del hocico y otro detrás de la cabeza.
14. Los tiburones zarandean a sus víctimas para arrancar trozos de carne. Así que si te muerde un tiburón, lo mejor que puedes hacer es aferrarte a él si no quieres perder tus miembros.
15. Los tiburones no tienen orejas, pero con su oído interno pueden escuchar los latidos del corazón de sus presas a más de 200 m de distancia.
16. Los tiburones pueden ver en aguas turbias gracias a una membrana que tienen en sus ojos, el «tapetum lucidum», que aumenta su sensibilidad a la luz.
17. Los tiburones se mueven como los aviones. Utilizan su colas como una hélice para moverse hacia adelante y el agua pasa sobre sus aletas como el aire sobre las alas del avión.
18. Un tiburón vive unos 25 años de media, pero algunos alcanzan los 100.
19. El hígado de los tiburones tiene gran cantidad de aceite. Esto les hace ser presas codiciadas para la pesca.
20. Por cada ser humano asesinado por un tiburón, dos millones de tiburones son asesinados por los seres humanos.